Kerstin Zilm

Ein Jahr in Kalifornien

Inhalt

Abenteuer Kalifornien 7

Februar 9

März 24

April 38

Mai 52

Juni 67

Juli 83

August 101

September 117

Oktober 132

November 146

Dezember 161

Januar 175

Abenteuer Kalifornien

Der Chefredakteur kam am Telefon direkt zur Sache: „Der Korrespondentenplatz in Los Angeles wird neu besetzt. Soll ich Ihren Namen in den Ring werfen?“ Mein Herz stockte. Na klar soll mein Name in den Ring! „Wenn Sie sich bewerben, müssen Sie für mindestens ein Jahr zurück nach Berlin kommen“, ergänzte mein Chef. Und damit wurde die Sache kompliziert.

Ich war mitten in einem Sabbatjahr, lebte bei meinem amerikanischen Freund in Washington D.C. und war gerade dabei, mir als freie Journalistin einen Kundenstamm aufzubauen. „Habe ich denn eine echte Chance?“, fragte ich nach, in der Hoffnung, dass dem Chef mein Zögern nicht allzu sehr auffiel. „Na klar haben Sie eine Chance. Sonst würde ich Sie doch nicht anrufen.“ Bei der Vorstellung, wieder tausende von Meilen und mehrere Zeitzonen entfernt von meinem Freund zu leben, wurde mir schlecht. Aber wer kann sich die Chance auf einen Korrespondentenplatz in Kalifornien entgehen lassen? Ich nicht!

Sechs Monate nach dem Anruf feilte ich in Berlin an meinem Lebenslauf und kopierte Arbeitsproben für meine Bewerbungsmappe. Kurz darauf machte ich im ARD-Radiostudio von Los Angeles einen Freudentanz, nachdem ich als Urlaubsvertretung zum ersten Mal meine offizielle Absage ins Mikrofon gesprochen hatte: „Kerstin Zilm, Los Angeles.“

Als wieder ein paar Monate später ein orangefarbener Container vor meiner Wohnung in Berlin stand und Möbelpacker meine Ikea-Regale in Luftpolsterfolie wickelten,

hätte ich vor Glück platzen können. Ich hatte den Job bekommen. Das Abenteuer konnte beginnen.

Dieses Buch beschreibt ein Jahr in Kalifornien, basierend auf wahren Ereignissen und Menschen, die mir begegnet sind. Fast alle Namen habe ich geändert und nicht alles ist haargenau so passiert, wie es hier steht.

Doch: Ich habe wirklich Erdbeben erlebt und beim Anblick von Delfinen geweint. Ich bin vor einem Waldbrand geflüchtet und Bären im Nationalpark begegnet. Ein sehr persönliches Geständnis von Oscar-Preisträger Hans Zimmer hat mich tatsächlich total verblüfft und eine Vollmondnacht am Pazifik bescherte mir wirklich den wohl kalifornischsten Moment meines Lebens.

Natürlich ist vieles anders gekommen, als geplant. Rückblickend kann ich nur feststellen: Zum Glück war meine Antwort auf die Frage des Chefredakteurs ein enthusiastisches „JA!“

Februar

„So you're a journalist?" Das hört sich nicht wie eine Frage an, sondern wie ein Vorwurf. Der Immigrationsbeamte hinter der Glasscheibe blättert bedächtig in meinem Reisepass und studiert mein nagelneues Journalistenvisum.

„J. Gonzales", lese ich auf dem Schild über seiner Brust. „Ja, Herr Gonzales, ich bin US-Westküsten-Korrespondentin."

„Officer Gonzales!" Er blättert weiter. „Und für wen arbeiten Sie?"

„Fürs deutsche öffentliche Radio."

Mit tiefen Falten in die Stirn gegraben hebt Offizier Gonzales den Blick und schaut mir durchdringend in die Augen. „Was für Geschichten schreiben Sie denn?"

„Na, eigentlich alles: Politik, Silicon Valley, Lifestyle, Immigration, Kunst, Hollywood. Jetzt erstmal natürlich die Oscars."

„Schauen Sie hier in die Kamera!" Er zeigt auf eine weiße Kugel über dem Schalter. Großartig! In US-Dateien bin ich jetzt mit blutunterlaufenen Augen, trockenen Lippen und plattgelegenen Haaren gespeichert! Als auch meine Fingerabdrücke ins System des US-Heimatschutzes eingegeben sind, hämmert Offizier Gonzales einen Stempel in meinen Reisepass und reicht ihn mir mit einem Lächeln. „Welcome!"

Zweimal muss ich noch Schlange stehen: am Fließband der Gepäckausgabe und in der Zollkontrolle.

„Nein, ich war nicht kurz vor der Abreise in Berlin auf

einem Bauernhof, habe weder Bakterien noch Drogen und leider auch keinen Koffer voller Bargeld bei mir."

Nett wäre ja, wenn mich jemand abholen würde. Aber ich kenne niemanden in Los Angeles und ziehe meine zwei Rollkoffer vorbei an sich jubelnd in die Arme fallenden Familien und Pärchen, an Schildern der Limousinenchauffeure in schwarzen Anzügen und an blau uniformierten Sicherheitsbeamten.

Die automatische Tür nach draußen geht auf.

BOOM!

Mir schlägt mein neues Leben mit der Wucht eines Baseballschlägers entgegen: Trillerpfeifen, Lautsprecherdurchsagen und Baustellen. Laue Abendluft und Abgase. Ratternde Koffer und scheppernde Gepäckwagen. Flipflops, Cargo-Shorts und T-Shirts, Pelzmäntel, Cowboyhüte und bunte Saris. Ich höre Spanisch, Englisch, Französisch, Deutsch und zig Sprachen, die ich nicht identifizieren kann. Die siebzig Millionen Passagiere, die der Flughafen jedes Jahr abwickelt, müssen alle heute angekommen sein und drängeln sich zu Taxis, Limousinen, und Shuttle-Bussen.

Vor zwanzig Stunden in Berlin stand ich noch neben meiner Freundin Susanne mit hochgestelltem Plüschkragen im Schneematsch der Raucherzone am Flughafen Tegel. Jetzt muss ich die Jacke ausziehen. Eine halbe Stunde später fliegen auch die Strümpfe auf den Rücksitz meines Mietwagens. Ich schalte das Radio an, lasse alle Fenster runter und starte den Motor. Mit klopfendem Herzen reihe ich mich ins fließende Verkehrschaos von Los Angeles ein.

Erstmal ins Hotel in Santa Monica. Die Schlüssel zu meinem neuen Zuhause bekomme ich morgen. Im Zimmer lasse ich mich aufs Bett fallen. Au weia! Wenn ich nicht aufpasse, falle ich sofort ins Halbkoma. Das geht nicht! Ich will schnell in der neuen Zeitzone ankommen. In Deutsch-

land ist es schon Montag und vier Uhr morgens. In Kalifornien ist noch Sonntag und sieben Uhr abends. „Drei Stunden musst du noch durchhalten", sagt mein Hirn. Mein Körper ist anderer Meinung. Er ist plötzlich tonnenschwer. Ich kann mich nicht mehr rühren. Nicht einmal, um die auf arktische Temperaturen eingestellte Klimaanlage abzuschalten.

Das Telefon klingelt. O Gott! Nur die Chefredaktion in Berlin hat diese Nummer! Ist etwas Wichtiges in meinem „Berichtsgebiet" passiert? Erdbeben? Promi gestorben? Ich muss sofort den Computer einschalten! Den Fernseher! Meine E-Mails checken! Ich muss immer auf dem Laufenden sein. Immer? Immer!

„Hallo! Kerstin Zilm."

„Hallihallo! You made it!" Richtig! Ben hat auch meine Nummer. Ben, mein amerikanischer Freund. Er lebt an der Ostküste und ist mir jetzt drei Stunden voraus. Gestern war er mir noch sechs Stunden hinterher. Bei ihm ist es jetzt kurz nach 22 Uhr. Was für ein Durcheinander! Zum Glück ist das bald vorbei. Mein Neuanfang in Los Angeles bedeutet nämlich auch, dass er zu mir kommen wird und unsere Fernbeziehung endlich ein Ende hat. Fünf Jahre Berlin – Washington sind mehr als genug.

Ich erzähle ihm vom warmen Wind und den Lichtern am Santa-Monica-Pier, die ich auf der Fahrt gesehen habe. Er erzählt von eisglatten Straßen und festgefrorenen Scheibenwischern. Wir leben jetzt zwar auf demselben Kontinent, aber so wie sich das anhört noch immer in verschiedenen Welten!

„Hast du inzwischen einen festen Umzugstermin?"

„Noch nicht, aber jetzt sind wirklich nur noch ein paar Sachen beim Job zu erledigen. Spätestens Anfang März bin ich da."

Er ist müde. Ich habe Angst, eine Katastrophe in meinem Berichtsgebiet zu verpassen. Wir wünschen uns eine gute Nacht. Ich schalte den Computer ein. Mehr als vierzig E-Mails. Zum Glück nichts Dringendes.

Ich dusche und ziehe mich um. Zeit für erste Erkundungen. Es ist Februar, und ich spaziere in Sandalen zwischen Touristen, Künstlern und Selbstdarstellern Richtung Strand. Im Park der Promenade liegen Obdachlose neben zerschlissenen Rollkoffern und Plastiktüten unter Palmen auf der Wiese. In Meeresbrise und salzige Luft mischt sich der Geruch von Urin und saurem Schweiß. Alle tun, als wäre das ganz normal, also gehe auch ich einfach weiter über eine schmale Brücke, unter mir der rauschende Verkehr des Pacific Coast Highway, dann barfuß durch den Sand bis zum Pazifik. Die Lichter des Riesenrads spiegeln sich in der weißen Gischt. Ich stehe am Rand des Kontinents.

Eigentlich müsste die Welt jetzt mal einen Moment anhalten. Das „Landei" (wie mich meine lieben Verwandten als Kind gerne nannten), aufgewachsen in Dörfern von Ammerland und Markgräflerland, ist in Los Angeles gelandet! Am liebsten würde ich einen Tarzan-Schrei loslassen. Stattdessen starre ich nur still, mit den Füßen im Wasser, eine Weile zum dunklen Horizont. Auf dem Rückweg hole ich mir eine Pizza, öffne einen Piccolo aus der Minibar, bestelle einen Weckruf für sechs Uhr und schlafe ein.

Polizeisirenen und Gläserklirren schrecken mich auf. Ich schaue aus dem Fenster. Im Hotel-Innenhof hängt eine graue Gestalt über einem Müllcontainer und wirft Glasflaschen in einen Einkaufswagen. „4:00 AM" leuchten rote Digitalziffern vom Radio neben meinem Bett. Meine innere Uhr ist felsenfest davon überzeugt, dass es höchste Zeit zum Aufstehen ist.

Ich esse den kalten Rest der Pizza, checke meine Mails

und schalte den Fernseher ein. Entsetzlich munter erzählen dort braun gebrannte Frühstücksmoderatoren mit perfekten Zähnen und Dauerlächeln von Sonnenschein, Stau, nächtlichen Schießereien und Filmpremieren mit Oscar-Favoriten. Wirklich Wichtiges scheint auf der Welt nicht passiert zu sein.

Im Frühstücksraum stehen Mammut-Thermoskannen neben Pappschachteln mit süß-klebrigen Plunderstücken.

„Enjoying an early morning?“ Die Rezeptionistin hat dieselbe muntere Quäkstimme wie die Verkehrsfrau im Fernsehen. Sie zeigt mir auf einem Stadtplan, wo es Espresso gibt. Mit dem Plan gibt sie mir einen Gutschein. „Fünf Dollar für Frühstück im „Euro Caffé“! Da gibt's auch frischen Orangensaft und internationale Zeitungen.“ Mein „Thank you. See you later!“ klingt schon fast so fröhlich wie der Wetterbericht.

Meine gute Laune steigt auf dem Weg zur Arbeit. Am Meer entlang fahre ich in die Pacific Palisades. Surfer warten im Wasser neben mir auf perfekte Wellen. Pelikane gleiten im Formationsflug über den im Morgenlicht glitzernden Pazifik. Ich biege an der Kreuzung von Pacific Coast Highway und Sunset Boulevard ab. Vorbei an Bougainvilleas, Oleanderbüschen und Palmen steuere ich einen Hügel hinauf zu meinem neuen Zuhause: ein Bungalowhäuschen mit orangefarbenen Papageienblumen, Rosenbüschen und Kakteen im Vorgarten. Makler Peter wartet schon. Wie immer ist der athletische Zwei-Meter-Mann ganz in Weiß gekleidet und hat sein graues Haar im Nacken zum Pferdeschwanz gebundenen. Neben ihm wippt eine rundliche Frau in regenbogenfarbenem Batikhängekleid und blonden kurzen Locken unterm breitkrempigen Strohhut.

„Hi, willkommen Kristen, ich bin Rose! Ich wohne da unten, auf der anderen Straßenseite“, stellt sie sich vor,

kaum dass ich ausgestiegen bin. „Herzlich willkommen! Hier, das ist für dich." Sie drückt mir eine Plastiktüte in die Hand. „Die Milch und die Suppe stellst du am besten gleich in den Kühlschrank. Orangen und Avocados sind aus unserem Garten. Die Cookies hab' ich selbst gebacken. Wir – mein Mann John und ich – wohnen hier schon über dreißig Jahre. Peter hat gesagt, dein Mann kommt nach?"

Der Makler rollt hinter ihrem Rücken mit den Augen, zieht entschuldigend die Schultern hoch und schließt das Haus auf. „Ich zeig' dir erstmal alles, was du wissen musst: Gasherd, Heizung, Gartensprinkler." Wir stehen direkt im Wohnzimmer. Das ist komplett leer, kein Tisch, kein Stuhl, kein Bett. Meine gesamte Einrichtung ist noch im Container. Wer hätte gedacht, dass meine Billy-Regale mal durch den Panamakanal schippern?

„Ich kann das auch machen, Peter. Ich hab' mich um alles gekümmert, wenn der Professor unterwegs war." Rose legt mir eine Hand auf den Arm. „Er hat ganz wundervolle Orchideen! Die brauchen jede einen Eiswürfel die Woche." Der Professor, das ist mein Vermieter. Für die nächsten zwei Jahre hat er eine Gastprofessur in Australien.

„Kerstin meldet sich bei dir." Peter schiebt Rose sanft zur Tür. „Die Nudelsuppe hat ganz viel Gemüse!", ruft sie mir im Rausgehen zu. „So wie ihr Europäer das mögt! Wir haben unsere Hochzeitsreise nach Rom, Paris und Barcelona gemacht. Ein Traum!"

Ich gehe schnurstracks durchs Wohnzimmer zur Glasschiebetür. Hier habe ich den Mietvertrag unterschrieben. Ich weiß, was mich erwartet. Trotzdem verschlägt es mir wieder den Atem. Ich schaue auf eine Holzterrasse, größer als mein Wohnzimmer in Berlin, und über grüne Hügel zum Pazifik. Hier wird mein Schreibtisch stehen. Möge das Korrespondentinnenleben beginnen!

Kaum ist der Makler weg, taucht mein Vorgänger auf. Bis gestern war Hartmut US-Westküsten-Korrespondent fürs öffentlich-rechtliche Radio. In drei Wochen geht er in Rente. Schweiß steht auf seiner hohen Stirn, rotblonde Haare schauen unterm halb offenen Hawaiihemd hervor. Er breitet auf der Küchenablage tausende Papiere aus. „Ein bisschen Buchhaltung, die wichtigsten Telefonnummern und Anfragen der Sender, die ich nicht mehr bearbeiten konnte. Am besten rufst du bald bei der Oscar-Akademie an. Ich hatte keine Zeit, irgendetwas vorzubereiten."

„Wie bitte? Die Oscar-Verleihung ist in vier Wochen!" Es stellt sich heraus: Ich bin zu keiner Veranstaltung und für keinen roten Teppich angemeldet. Die Fristen dafür sind längst abgelaufen.

„Ich dachte, die Assistentin kümmert sich drum, Mandy?!" Ich kenne Mandy von meiner Urlaubsvertretung. „Mandy gibt's nicht mehr. Gekündigt. Nach New York gezogen. Deshalb bin ich auch mit der Buchhaltung in Verzug." Hartmut zeigt auf drei gelbe Ordner. „Manuskripte, Beitragsprotokolle, Rechnungen, Quittungen. Dazu komme ich nicht mehr. Ist aber nur das letzte Quartal und Januar."

Keine Assistentin? Mit der Buchhaltung in Verzug? Die Oscars in vier Wochen! Meine Herzpumpe hat einen Gang zugelegt. „Hat sich wenigstens die Umzugsfirma bei dir gemeldet?" „Ja, hat sie. Ein Wetterproblem oder irgendwas. Jedenfalls ist dein Container noch nicht in Los Angeles." Hartmut geht in Seelenruhe Richtung Terrasse.

„Wie bitte?" „Kein Grund zur Panik. Dauert höchstens ein paar Wochen. Schreibtisch und Büromöbel werden heute Nachmittag von mir zu dir gebracht."

„Und Geschirr? Meine Klamotten? Mein Bett!" Ich folge ihm nach draußen. „Ich kann dir meine Luftmatratze geben. Den Rest hast du ganz schnell gekauft."

„Ich hab aber keine Zeit zum Shoppen! Ich muss mich um die Oscars kümmern! Du musst mir helfen! Ich kann unmöglich nicht von den Oscars berichten!“

„Natürlich berichtest du von den Oscars! Du schneidest alles im Studio mit. Vom Fernseher.“ „Und was ist mit dem roten Teppich?“ „Roter Teppich, Wolfgang-Puck-Gala-Menü, Diamanten, Designer, Promis – das ist doch jedes Jahr dasselbe, glaub' mir!“

Ich beginne zu verstehen, warum Korrespondenten spätestens nach fünf Jahren den Standort wechseln müssen. Während Hartmut auf der Terrasse an seinem Handy einen Segeltrip organisiert, rufe ich die Oscar-Akademie an.

Ein paar Stunden später sieht alles schon besser aus. Zur Oscar-Verleihung werde ich nicht mehr zugelassen, aber ich bin im Presseverteiler der Academy und kann von den Vorbereitungen berichten. Außerdem habe ich eine Akkreditierung für die Vergabe der SAG-Awards bekommen. Das sind sowas wie die Oscars der US-Schauspielergewerkschaft. Und immerhin habe ich jetzt eine Nummer, über die ich am Computer verfolgen kann, wo sich meine Möbel bewegen. Hartmuts Büroausstattung, die ich übernehmen werde, wurden von ein paar kräftigen Kerlen geliefert, und ein Techniker baut die Bibliothek des Professors zum sendetauglichen Hörfunkstudio um.

Ein paar Tage später ziehe ich um. Der Container schippert noch immer an der Küste entlang. Ich schlafe auf der Luftmatratze mit Daunenschlafsack als Decke. Nachts wird es richtig kalt. Die Heizung pustet heiße Luft aus vollem Rohr in alle Zimmer. Die zieht durch Fenster- und Türritzen direkt wieder nach draußen.

Aber wen stört das schon, wenn jeden Morgen die Sonne scheint, Kolibris beim Frühstück vor Hibiskusblüten schweben und es zum Abendessen unter der Schlaf-

sackdecke Mammut-Tacos, fettig-süßes Zuckergebäck und über hundert Reality-Shows gibt?

Zu meinen Neuerwerbungen gehört auch ein Satz Abendkleidung für offizielle Veranstaltungen. Der schwarze Schlaghosenanzug mit weißer Seidenbluse wird bei den SAG-Awards seine Premiere haben. Es hat zum ersten Mal geregnet, seit ich in Kalifornien bin. Die Frühstücksmoderatoren stehen in Anoraks neben Pfützen und warnen vor Erdrutschgefahr und Sturmböen. Die sollten mal einen echten deutschen Wolkenbruch erleben!

Inzwischen sind die Wolken weg, aber es ist überraschend kalt geworden. Ich sehne mich in der SAG-Medienschlange nach meiner Jacke mit Plüschkragen. Eine junge Frau mit Porzellanhaut und Schneewittchenhaar reicht mir Namensschild und Pressemappe. Wenn ich nicht selbst so schlottern würde, würde ich ihr meine Anzugsjacke geben. Schneewittchen trägt ein elfenbeinfarbenes Nichts mit Spaghettiträgern!

„Du bist mit den anderen internationalen Radiojournalisten in Spot R." Mit perfekt manikürtem Zeigefinger zeigt sie auf ein Papier mit bunten Feldern. „Hier! Direkt am Eingang!" Äußerlich bleibe ich cool. Innerlich jubiliere ich. Direkt am Eingang! Großartig! Die Promis MÜSSEN an mir vorbei! Alle! Die Medien-Spots sind mit weißem Klebestreifen und Papier neben dem roten Teppich markiert. Spot R sind höchstens zwei Quadratmeter. Darauf drängeln sich mehr als ein Dutzend Kolleginnen und Kollegen.

„Hi! Bisschen eng hier!", sage ich und zwänge mich zwischen die Meute. Diese ignoriert mich und ich lande immer wieder außerhalb der Markierungen. Die Kamera eines Kollegen aus Spot Q kracht mir an den Kopf. „Verdammt nochmal!" Ich würde am liebsten mit meinem Mikrofon zurückschlagen.

Da winkt mich ein schwarz gekleideter Mann mit dickem Schnauzbart und Bierbauch zu sich. Neben ihm direkt am roten Teppich ist ein winziges Fleckchen frei. „Ich heiße Nacho. Kurz für Ignacio. Mexikanisches Radio", stellt er sich vor. Nacho geht mir knapp bis zum Kinn und streckt mir enthusiastisch seine Hand entgegen. „Bist du neu? Ich hab dich noch nie gesehen!" Ich erzähl ihm kurz meine Geschichte. „Oh, cool, herzlich willkommen! Ich kann dir helfen. Hollywood ist ein Haifischbecken. Viel Bullshit. Deshalb komme ich immer mit meinen hohen Boots." Er zeigt auf seine grün-weiß-roten Cowboystiefel. „Die mexikanischen Nationalfarben." Nacho ist Mitglied der Hollywood Foreign Press Association. Die vergibt die Golden Globes – eine andere Veranstaltung, für die ich keine Akkreditierung mehr bekommen habe. „Und du bist also aus Deutschland? Beckenbauer! Rummenigge! Was ist deine Mannschaft?" Für Fußball-Smalltalk hab ich jetzt wirklich keine Zeit. Nacho schaut amüsiert zu, wie ich mein Aufnahmegerät, Mikrofon, Stift und Reporterblock aus der Tasche hole.

„Bei uns bleibt übrigens niemand stehen, den du wirklich brauchen kannst", sagt er lapidar. „Wie bitte? An uns müssen doch alle vorbei!" Nacho lacht laut. „VORBEI! Genau! Das ist genau das richtige Wort." Er zeigt zum Anfang des roten Teppichs. Etwa 200 Meter von uns entfernt werden dort auf Minibühnen unter Heizlampen Moderatoren in Abendrobe gepudert und gebürstet. „Siehst du das? Das sind Spot A, B und C. Da bleiben die wirklichen Stars stehen. Dort sind ‚Entertainment Tonight', ‚Access Hollywood' und wie sie alle heißen. Dahinter steht das internationale Fernsehen. Wir hier, internationales Radio, wir kriegen die B-Liste. Höchstens!"

Wie aufs Stichwort posiert eine ältere Dame im Goldkleid mit hochtoupiertem Blondkopf vor uns und lächelt

erwartungsvoll. „What do you want to know?“, fragt sie mit aufgespritzten pflaumenblauen Lippen und künstlich hochgezurrten Augenbrauen. Bevor ich „Und wer sind Sie?“ fragen kann, hat die Meute um mich herum ruckzuck Arbeitshaltung angenommen. „Wie fühlen Sie sich auf dem roten Teppich?“ „Wie war die Zusammenarbeit mit dem Team?“ „Wer hat Ihr wunderbares Kleid genäht?“, fragen sie drauf los. Ich halte mein Mikrofon der Unbekannten entgegen. Als sie uns den Rücken zudreht und ich frage „Wer war das nun?“, zucken alle mit den Schultern. „Keine Ahnung!“

„C-Liste“, grinst Nacho. „Sag ich ja!“

Während meine Zehen zu Eisklumpen werden, mache ich in meinem Block eine Liste der Promis, die an uns vorüberziehen. Und dann kommt der Moment, an dem ich sowohl Eisfüße wie sämtliche Schamgefühle vergesse. Richard Gere schlendert über den roten Teppich. Nur eine Armlänge von mir entfernt. Dieses charmante, geheimnisvolle Lächeln! Dieses silbergraue Haar! „Richard! Richard! Richard!“, rufe ich mit der Meute. Er winkt. Ich glaube, er hat mir zugezwinkert.

Kurz bevor meine Eiszehen von den Füßen fallen, werden wir ins Pressezentrum gelassen. Vorbei an Käseplatten und Kaffeekannen renne ich durch die Tür mit dem Pappschild „Media“. Ich MUSS mir einen Platz in der ersten Reihe sichern! Und wieder bekommt mein Hollywoodtraum einen kräftigen Dämpfer. Ich schaue auf zwanzig Reihen weiße Klapptische und Klappstühle in einem fensterlosen Raum. Ganz vorne ist eine Bühne mit Mikrofonständer aufgebaut. Zettel mit Tesafilm zeigen, wo an den Klapptischen welche Journalisten ihren Platz haben. Meiner ist in der zwölften Reihe, etwa vierzig Zentimeter zwischen Frankreich und Griechenland.

„Die Gewinner kommen direkt nach der Dankesrede

zu uns. Du hörst am Schreien von den Fotografen nebenan, dass sie kommen", erklärt mir Nacho. Er sitzt in der zweiten Reihe. Dann geht's los. Wir verfolgen das Geschehen im Saal über Bildschirme in unserem spartanischen „Medienzentrum". Ich verstehe Hartmuts Aversion gegen Preisverleihungen ein wenig besser. Andererseits: Im Laufe des Abends schaut mir Daniel Day Lewis in die Augen, während er eine Frage von mir beantwortet. Julianne Moore erzählt nur wenige Meter entfernt von mir von Jugendängsten. Ich bin Clint Eastwood so nah, dass ich seine Falten zählen und sein Aftershave riechen kann.

Nach drei Stunden ist der Spuk vorbei, und um mich herum wird abgebaut, derweil ich live übers Handy von Gewinnern, Verlierern, Überraschungen und der Garderobe der Stars erzähle. Während ich an meinem Laptop noch einen Beitrag zusammenbastle, steckt Nacho mir seine Visitenkarte zu, winkt und verschwindet.

Morgens um drei falle ich auf meine Luftmatratze. Kann ich bitte ein paar Tage Freizeitausgleich haben? Ich brauche eine Assistentin. Jetzt! Der Studioboden ist bedeckt mit Stapeln von Rechnungen, Manuskripten und unbeantworteter Post. Ich muss endlich ein Bankkonto einrichten und eine Social Security Number beantragen, den amerikanischen Führerschein bekommen und ein Auto kaufen. Ich war immer noch nicht im Pazifik schwimmen und habe schon ewig nicht mehr mit Ben telefoniert. Zum Glück gedeihen wenigstens die Orchideen, auch ohne dass ich ihnen Eiswürfel gebe. Ich ziehe meine Daunendecke über die Nase. Es regnet wieder. Zum ungewohnten Klang von dicken Tropfen auf Dach und Terrasse falle ich in tiefen Schlaf.

Noch vor der Morgendämmerung klingelt das Telefon. „Wir brauchen dringend was zum Wetter für die Abendsendung", blafft mich ein Redakteur an. „Ich war bis vor

drei Stunden mit den SAG-Awards beschäftigt", blöke ich zurück und schalte den Fernseher ein. Ich sehe Regengüsse, Erdrutsche, umgefallene Bäume und Strommasten. „Diese Awards interessieren hier grade niemanden mehr", antwortet der Kollege. „Wir brauchen was zum Wetter. Die Sendung beginnt in zwei Stunden."

„Ich bin nicht eure Sklavin!", will ich sagen, verspreche stattdessen aber ein kurzes Stück und hänge auf. Wenig später rufen noch zwei Redaktionen an. Die erste will ein Stück zu Auswirkungen des Klimawandels auf Küstenstädte. „Analytisch mit einem Experten." Die andere braucht eine Geschichte „mit vielen Tönen" zu einem Teenie-Star, der in ein Drogenkoma gefallen ist. Wieder keine Zeit für einen Strandspaziergang.

Und auch keine Zeit, mich vor den Oscars um meine Buchhaltung, eine Assistentin oder den Führerschein zu kümmern. Umso mehr genieße ich am Tag vor der Verleihung einen großen Glücksmoment. Ich stehe auf dem „berühmtesten Bürgersteig der Welt", dem Hollywood Walk of Fame. Genauer gesagt, stehe ich auf dem dort ausgerollten roten Oscar-Teppich. Meine Absätze versinken im weichen Plüsch. Streng genommen darf ich hier mit meiner begrenzten Akkreditierung gar nicht stehen. Aber ich habe das über meiner Brust baumelnde Namensschild umgedreht und bin selbstbewusst lächelnd, Blick geradeaus, Handy am Ohr, an den Sicherheitskräften vorbeigegangen. Über denselben Teppich werden morgen Nicole Kidman und Renée Zellweger schreiten, Julianne Moore und Charlize Theron, Johnny Depp, Keanu Reeves, Tom Cruise und Richard Gere! Schnell ein Selfie und verziehen, bevor jemand nach meiner Akkreditierung fragt. Nächstes Jahr mache ich das dann nochmal ganz offiziell. Dann bin ich bei der Verleihung garantiert vor Ort direkt dabei.

Dieses Jahr mache ich es mir stattdessen am Oscar-Abend in Jogginghose und Sweatshirt vor dem Studiofernseher bequem. Genau so, wie Hartmut empfohlen hat. Als Richard Gere ins Bild kommt, öffne ich einen Piccolo und proste ihm zu. Dazu esse ich Mini-Schoko-Oscars, die es heute beim Bäcker gab.

Der Eingangsmonolog ist unterhaltsam, dann kommt Werbung, und fünf Minuten später ist schon die erste Gewinnerin gekürt. Ab jetzt gibt's nur noch Wasser. Ich schwitze zwischen Mitschneiden, Mitschreiben und der Erkenntnis, dass die Zeremonie mehr als eine halbe Stunde länger dauert als geplant! Ich habe kaum Zeit, zwischen der letzten Preisvergabe und meinem ersten Live-Gespräch mit Deutschland die versprochenen Geschichten zu produzieren.

Dann rede ich quasi ununterbrochen. Die ARD hat mehr als sechzig Radioprogramme. Ich plaudere mit einem Jugendsender über After-Show-Partys und analysiere fünf Minuten später im Deutschlandfunk den Mangel an afroamerikanischen Filmemachern. Als ich mich zum letzten Mal verabschiede, stehen mir die Haare zu Berge, und mir ist schlecht von Schokolade und Chips, die ich tütenweise inhaliert habe, ohne es zu merken. Ich bin hundemüde. Die Luftmatratze müsste mal wieder aufgepumpt werden. Ein richtiges Bett wäre jetzt schön. Und wenn Ben doch endlich da wäre.

Der hat noch immer ein paar „loose ends" zu bewältigen, wie er mir am nächsten Abend gesteht. „Loose ends?" „Also, eigentlich ist alles fertig, aber ein paar Sachen müssen noch erledigt werden." „Ach, wie beim Stricken, wenn die Fäden noch verwahrt werden müssen." „Genau so. Nehme ich an. Kenne mich nicht so gut aus beim Stricken. Aber glaub' mir: Ich stricke, so schnell ich kann!" „Na gut.

Ich hab' hier auch loose ends, bei denen ich deine Hilfe brauchen könnte."

Um sie kümmere ich mich später. Heute ist eine Auszeit angesagt. Ich fahre gen Norden, etwa vierzig Minuten, nach Zuma Beach. Der ewig lange Strand mit türkisblauen Wellen, Imbissbuden und malerischem Kliff ist eine beliebte Kulisse für Werbespots und Filmromanzen. Ich setze mich mit einem Cheeseburger in den Sand. Fett trieft mir über die Hände. Vor mir glitzert unter Schönwetterwolken der Pazifik bis zum Horizont. Ich atme tief durch. Den ersten richtigen Korrespondententest habe ich überstanden!

Ich hole Notizbuch und Stift aus meinem Rucksack. To-do-and-to-see-Liste schreibe ich auf die leere Seite:

Assistentin!!!!!!
Yosemite Park, Joshua-Tree, Big Sur und Death Valley
San Francisco, San Diego, Palm Springs, Silicon Valley
Hippies, Immigranten, Erfinder, Indianer, Soldaten, Bauern
Social Security, Konto
Strandspaziergang, im Meer schwimmen, Wale
Führerschein, Auto
BEN!!!!!!!!!!!!!

März

„An der nächsten Kreuzung links abbiegen!", sagt der Fahrprüfer auf dem Beifahrersitz. Schweiß fließt zwischen meinen Schulterblättern Richtung Hosenbund. Meine Hände umklammern das Steuer des Mietwagens. Fahrprüfung in den USA? Nichts leichter als das, dachte ich, in einer halben Stunde habe ich meinen Führerschein in der Hand. Der fungiert in den USA auch als Ausweis, und ich habe keine Lust mehr, meinen Reisepass immer dabei zu haben. Außerdem brauche ich einen kalifornischen Führerschein, wenn ich ein Auto kaufen möchte. Ich will meinen Mietwagen endlich gegen ein eigenes Cabrio tauschen.

Fahrstunden muss ich keine vorweisen. Die schriftliche Prüfung habe ich schon bestanden. Ich habe mich daran gewöhnt, auf Freeways auch rechts überholt zu werden, wechsle nie die Spur, wenn ich eine doppelte gelbe Linie sehe, parke selbst in größter Eile NIEMALS vor einem Hydranten und gewöhne mir die „Rechts-vor-Links"-Regel ab. In Kalifornien hat an Kreuzungen mit vier Stoppschildern das Auto Vorfahrt, das zuerst ankommt. Das kann dazu führen, dass sich Autofahrer endlos Zeichen geben: „Du zuerst!" – „Nein, du!" – „Nein! Du warst vor mir hier." Ich trete in diesen Fällen aufs Gas, winke dankbar lächelnd in alle Richtungen und wundere mich, dass es nie kracht.

In der Fahrprüfung mache ich so etwas natürlich nicht. „Defensive Fahrweise!", erinnere ich mich an meinen deutschen Fahrlehrer, während die Ampel vor mir von Rot auf Grün und wieder zurück auf Rot schaltet. Mein Fuß bleibt eisern auf der Bremse.

„ERST IN DIE KREUZUNG EINFAHREN, WENN DAS LINKS-ABBIEGEN BEI GRÜN GESICHERT IST! AUF KEINEN FALL EINE KREUZUNG BLOCKIEREN!“ In roten Großbuchstaben steht das im Führerschein-Lehrheft der kalifornischen Verkehrsbehörde. Das „Links-Abbiegen bei Grün“ ist an dieser Mist-Kreuzung anscheinend leider nie gesichert. Der entgegenkommende Verkehr rollt und rollt, ohne dass eine Lücke zu sehen wäre, in die ich mich einfädeln könnte. Die Ampel schaltet wieder auf Grün. Der Gegenverkehr rollt wieder auf mich zu. Jetzt hupt jemand! Noch ein Hupen! „Fahr endlich!“, bellt der Lehrer plötzlich. Ich bewege das Auto erschreckt ein paar Meter nach vorne. Die Ampel wird rot. Ich biege ab. „Rechts ranfahren!“ Mit feuchten Handflächen steure ich das Auto in einen Parkplatz. Der Prüfer schreibt und gibt mir das Papier. Durchgefallen!

„Normaler Menschenverstand!“, zischt er durch seine dünnen Lippen. „Du willst doch nicht den ganzen Tag an einer Kreuzung stehen bleiben!“ „Aber das Links-Abbiegen ...“ „Die Leute hinter dir wollen ganz sicher nicht ewig warten! Du hättest gleich beim ersten Mal fahren müssen! Zurück zum Amt bitte.“

Das einzig Gute ist, dass ich mich dort direkt zum nächsten Termin anmelden kann. „Nur Mut! Kein Problem“, sagt die freundliche Dame hinter der Glasscheibe. „Du kannst die Prüfung jederzeit wiederholen. Wenn's sein muss zehn Mal.“ Na großartig! Frustriert fahre ich nach Hause. Kaum habe ich das Auto in die Garage gefahren, steht Rose neben mir. Heute trägt sie einen türkisfarbenen Kimono über rosafarbenen Leggings.

„Hallo, Christine. Ich hab was zum Feiern mitgebracht.“ Sie schwenkt eine Flasche Sekt. Ich hatte ihr von der bevorstehenden Prüfung erzählt. „Leider durchgefallen!“ „Bist du im Autobahntempo durch die 30er-Zone gefahren?“ „Nein.

Zu vorsichtig an der Kreuzung." „Na, wenn das kein Grund zum Trinken ist!"

Sie drängelt sich an mir vorbei durch die Tür in die Küche. „Sind deine Möbel inzwischen da?" Rose weiß ganz sicher, dass mein Hab und Gut noch nicht angekommen ist. Sie hat mir vor zwei Wochen mitgeteilt, dass in meinem Vorgarten ein Sprinklerkopf kaputt ist. Niemals würde sie den Möbelwagen übersehen. „Der Container kommt jeden Moment. Nur noch ein paar Formalitäten", lüge ich. Laut Tracking-Nummer ist er noch immer nicht im Hafen. „Und ich muss zurück an die Arbeit." Rose lehnt sich an die Küchenablage. „Und was machen die Orchideen?" Diese Frau ist immun gegen jeden Wink mit dem Zaunpfahl. „Die blühen und gedeihen. Und jetzt muss ich wirklich arbeiten!" Ich schiebe sie sanft zur Tür. „Und wann kommt dein Mann?" „Boyfriend!", erkläre ich zum x-ten Mal. „Der muss nur noch ein paar ‚loose ends' verwahren." „Sei vorsichtig mit amerikanischen Männern! Die kriegen Schiss, wenn's ernst wird." Sie verschwindet fröhlich winkend.

„Hast du Schiss?", frage ich Ben abends am Telefon. „Schiss?" „Die Nachbarin sagt, dass amerikanische Männer Schiss kriegen, wenn's ernst wird." Er lacht. „Du hast doch selbst gesagt, die ist leicht durchgeknallt. Natürlich habe ich keinen Schiss. Ich würde am liebsten morgen losfahren. Quatsch! Heute! Jetzt! Was hältst du davon, wenn ich dich besuche?" „Besuchen? Ich dachte, das Kapitel hätten wir hinter uns." „Au wei! Das hört sich ganz so an, als bräuchte jemand dringend einen dicken, fetten Bären-Hug! Ich nehme eine Woche Urlaub." „Ich will aber nicht, dass du mich besuchen kommst. Ich will, dass du umziehst!" Ich höre ihn blättern. „In zwei Wochen kann ich kommen. Holst du mich am Flughafen ab?" Ich muss grinsen. „Na klar!"

Am Abend sitze ich auf der Terrasse unterm Sternenhimmel. Ich würde gerne mit jemandem darauf anstoßen, dass Ben kommt. Aber es ist schwer, in dieser Mammut-Stadt Freunde zu finden. Ich kenne inzwischen ein paar Deutsche von Terminen im Generalkonsulat, beim Goethe-Institut und vom Oscar-Empfang in der Künstlerresidenz Villa Aurora. Nacho hat mich einmal angerufen, aber er wohnt in Hollywood, und ich habe keine Lust, über eine Stunde im Stau zu stehen, um mit ihm ein Bier zu trinken. Er sagt, er kommt selten an die „Westside" von Los Angeles. Auch in dieser Stadt gibt es Ossis und Wessis. Die waren zwar nie durch eine Mauer getrennt, scheinen aber trotzdem selten etwas miteinander zu tun zu haben. Man bleibt hier offenbar gerne in seinem Viertel. Mache ich eine Geschichte über Hipster, fahre ich in den Nordosten der Stadt oder ins boomende Downtown. Brauche ich Interviews mit Techies oder Hippies, gehe ich nach Santa Monica und Venice. Latinos und Schwarze finde ich südlich vom 10er-Freeway, und auf der anderen Seite vom LA River. Asiaten leben irgendwo dazwischen und in Neubausiedlungen am Rand der Stadt. Obdachlose haben ihre Lager am Strand und zwischen den spiegelnden Wolkenkratzern von Downtown. Okay, das ist stark vereinfacht. Ich muss mich dringend auf Entdeckungsreise machen, um mehr über die Stadt herauszufinden. Es ist zwar paradiesisch, an diesem Hügel zu wohnen. Fürs Kennenlernen von Land und Leuten ist es aber unpraktisch, zu abgelegen. Ich habe noch nicht mal eine Stammkneipe.

Zwei Wochen später habe ich dafür immerhin den Führerschein, eine Social Security Number, ein Bankkonto und eine Assistentin. Zum ersten Mal im Leben bin ich Chefin! Nina aus Regensburg ist 34 Jahre alt und lebt seit über zehn Jahren in Los Angeles. Vor einem Jahr hat sie ihren

Job als Buchhalterin in einer Filmproduktionsfirma gekündigt und ist durch Mittel- und Südamerika gereist. Ohne Sicherheitsnetz und ohne festen Plan. Nach Deutschland zurückzugehen, kann sie sich nicht vorstellen. „Zu eng! Zu ordentlich! Zu vorsichtig!" Für immer in den USA bleiben will sie aber auch nicht. „Abartiges Strafsystem. Immer geht's ums Geld!" „Und warum bist du noch hier?" „Solange du niemandem auf den Schlips trittst, kannst du machen, was du willst. Keiner sagt hier, dass irgendwas nicht geht. Alle sind geborene Cheerleader!" Am ersten April fängt sie an.

Dann häufen sich die guten Nachrichten. Mein Container ist im Hafen gelandet und wird beschleunigt bearbeitet. Ben hat einen Flug nach Los Angeles gebucht. Er bleibt zehn Tage. Ich bekomme nur eine Woche Urlaub.

„Sie sind doch grade erst angekommen", sagt der Chef aus Berlin. Dass ich schon jede Menge Überstunden gesammelt habe, beeindruckt ihn nicht. „Überstunden gehören zum Job." Damit ist das Thema abgeschlossen. Das Studio Washington wird meine Vertretung übernehmen.

Natürlich kommt der Container am selben Tag wie Ben. Kaum haben die Möbelpacker die letzten Kisten ins Haus geschleppt, rase ich zum Flughafen den Hügel hinunter, rauf auf den 405er-Freeway, der ausnahmsweise mal nicht verstopft ist, und rein ins Chaos um den großen internationalen Flughafen LAX mit seinen gefühlt hundert Terminals, vor denen Taxis, Busse, Shuttles und Privatautos tausendmal gewagter manövrieren, als ich das aus Urlauben in Südeuropa kenne.

Als ich Ben mit seiner Sporttasche über der Schulter lächelnd die Rolltreppe herunterkommen sehe – Jeans, weißes T-Shirt und Lederjacke –, geht es mir endlich wieder richtig gut. Und als er mich in die Arme nimmt, kriege ich von der Welt um uns nichts mehr mit.

„Da bist du ja!“, sagt er auf Deutsch und küsst mich. Ich lege meine Nase in die Kuhle zwischen seinem Ohr und seiner Schulter und atme tief ein. „Ich hab’ eine gute und eine schlechte Nachricht“, sage ich auf dem Weg zur Parkgarage. „Die gute: Die Möbel sind da. Grade angekommen.“ „Und die schlechte?“ „Ich muss noch drei Tage arbeiten und heute Abend zum Generalkonsul. Ein Empfang für deutsche Filmstudenten.“ „Kann ich Basketball schauen? Du hast doch einen Fernseher, oder?“ „Na klar! Sogar zwei!“ Mit Ben sind Probleme immer ganz schnell erledigt! Besonders in der Basketball- und Football-Saison.

Wir fahren auf dem 10er-Freeway Richtung Westen, hinter einem kurzen Tunnel öffnet sich der Blick auf Strand und Pazifik. „Wow!“ Ben nimmt meine Hand. Er war noch nie an der Westküste. „Möchtest du anhalten? Wir können uns Tacos holen. Oder Burger. Vielleicht sehen wir ja sogar Delfine!“ „Ich dachte, du musst zum Konsul?“ „Ich will aber viel lieber bei dir bleiben!“ Ich spüre mein Dilemma in der Magengegend: Was ist um Himmels Willen wichtiger? Boyfriend oder Networking? Herz oder Pflicht? „Ich kann noch absagen!“ „Nicht meinetwegen, Frau Korrespondentin. Ich kann noch ganz oft mit dir ans Meer. Und du kommst doch heute Abend zurück, oder?“

Zwei Stunden später schminke ich mich, während Ben es sich vor dem Fernseher gemütlich macht. „March Madness!“, sagt er nur, und kann nicht fassen, dass ich keine Ahnung habe, wovon er redet. „Ein Turnier. College-Basketball“, erklärt er und versichert, dass er sich nichts Schöneres vorstellen kann, als mit einer Pizza, Rotwein und frisch gemachtem Popcorn auf meiner Luftmatratze die Spiele anzuschauen. Ich finde das plötzlich auch superverlockend. Natürlich fahre ich trotzdem los.

Der Empfang beim Generalkonsul findet im Garten

statt. Rund um den Pool stehen Bartische und Heizlampen. Es gibt Brezeln vom deutschen Bäcker, Currywurst vom deutschen Catering-Dienst, Jägermeister, Bier und Wein. Nach launigen Reden erzählen die Filmstudenten von ersten Hollywoodeindrücken. Eine junge Frau versichert mir, dass sie einmal einen Regie-Oscar gewinnen wird, woraufhin am Tisch eine heftige Diskussion ausbricht, ob Filmpreise überhaupt eine Bedeutung haben oder wahre Kunst nur außerhalb des Hollywoodsystems stattfinden kann.

Sobald es mir nicht mehr unhöflich erscheint, verabschiede ich mich. Und kriege einen Riesenschreck, als ich auf dem Weg zum Auto mein Handy von Vibration auf Klingeln zurückstelle. Zwölf verpasste Anrufe aus Deutschland! Sieben Nachrichten! Wie konnte das passieren? Gab es irgendwo ein Erdbeben? Ist jemand gestorben? Mit zitternden Händen höre ich die Nachrichten ab. Ein Hollywoodjungstar hat sich nach einer Tour durch drei Tattooläden eine Straßenjagd mit Paparazzi geliefert, ihre Limousine gegen einen Laternenpfahl gesteuert und liegt nun schwerverletzt im Krankenhaus. „Wir brauchen einen Beitrag für unsere Frühsendung." „Wir brauchen Reaktionen. Irgendwas aus dem Krankenhaus. Und Promis!" Was genau passiert ist, weiß niemand. „Wo sind Sie denn?", fragt eine hysterische Stimme. „Melden Sie sich sofort, wenn Sie das hören!", befiehlt eine andere. „Wir planen ein Live-Gespräch mit Ihnen um 7.20 Uhr." Mir ist schlecht. Ich drücke aufs Gas. In Deutschland ist es jetzt sechs Uhr morgens. Ich rufe meine Heimatredaktion in Berlin an. Die diensthabende Kollegin ist zickig. Sie koordiniert Anfragen der Redaktionen und meine Beitragsangebote. Angeblich klingelt bei ihr das Telefon Sturm. Alle Pop- und Jugendwellen sind auf der Suche nach mir.

„Ich mache zu acht Uhr eurer Zeit ein Stück von einer

Minute. Ohne Töne. Wo soll ich die denn um diese Zeit herkriegen? Schickt das als Info an alle", entscheide ich, während ich auf den Freeway einbiege. „Und ich mach heute auch keine Live-Gespräche mehr. Ich war grade beim Konsul." „Das geht nicht", sagt die Redakteurin. „Wie bitte?" „Du kannst die Gespräche nicht absagen. Ich hab schon vier Redaktionen versprochen, dass du dich bei ihnen meldest, und für abends ein Krankenhaus-Update mit Reaktionen versprochen." „Seid ihr denn alle verrückt geworden? Reaktionen? Wenn eure Abendsendungen losgehen, ist es hier acht Uhr morgens. Wer soll denn da bitteschön reagieren? Das ist ja wohl ein Witz!"

Es ist kein Witz. Ich lege auf und fahre nach Hause. Als ich die Tür aufschließe, sitzt Ben bei Kerzenlicht im Wohnzimmer. Neben der Luftmatratze steht ein Tisch aus Umzugskiste und Regalbrett mit Weihnachtsservietten als Tischdecke. Darauf steht eine Käseplatte mit Oliven und Weintrauben. Er schaltet den Fernseher aus und den CD-Spieler ein. Barry White klingt durch den Raum. Ben kommt mir entgegen. „Da bist du ja!"

Ich lasse meine Tasche fallen, umarme ihn kurz und biege sofort ins Studio ab, schalte dort Fernseher, Computer und das Aufnahmegerät ein. „Tut mir so leid. In Hollywood ist ein Teeniestar gegen einen Laternenpfahl gefahren. Anscheinend ist das furchtbar wichtig. Ich muss ran an die Arbeit." Ich werfe meine Jacke auf den Boden, ziehe die Schuhe aus, lese und schaue die neuesten Klatschnachrichten.

Ben kommt um die Ecke. „Ein Schluck?" Er hält mir ein Glas Rotwein entgegen. Ich schüttle den Kopf. „Wasser wäre toll." Keine fünf Minuten später stehen ein Glas Wasser, eine Käseplatte und Weintrauben neben mir. Aus dem Wohnzimmer höre ich Basketballkommentare. Als ich das

letzte Gespräch mit Deutschland beende, schläft Ben schon. Ist das mein kalifornischer Traum?

Vor Sonnenaufgang schleiche ich mich von der Luftmatratze zurück ins Studio. Es existieren tatsächlich schon Reaktionen auf das nächtliche Drama des Jungstars. Das Krankenhaus gibt eine Pressekonferenz. Vor dem Eingang lauert eine Horde von Journalisten. Ich arbeite so schnell ich kann und krieche zurück zu Ben. Erst in dem Moment fällt mir auf, dass er die Billy-Regale im Wohnzimmer aufgestellt und eingeräumt hat. Er hat die Bücher nach Farben geordnet. Warum eigentlich nicht?

Meine drei Arbeitstage vergehen schnell. Wir stellen Möbel auf, packen Geschirr aus, kaufen gemeinsam eine Espressomaschine und ein Sofa. Ben lädt mich anschließend zum Essen ein. „Unser erstes gemeinsames Möbelstück. Das muss gefeiert werden."

Nina hat mir dafür genau das Richtige empfohlen. Ein Schweizer betreibt direkt an der Strandpromenade in Venice Beach einen Biergarten. Im „Waterfront" sitzen Einheimische und Touristen unter Sonnenschirmen an Biertischen eng zusammen. „Die Promenade ist besser als Kino", hat meine zukünftige Assistentin versprochen. „Hippies, Muskelprotze, Surfer, Zauberer, Straßenhändler – alles kommt vorbei. Wenn du Glück hast, spielt 'ne coole Band."

Wir haben Glück! Vier vom Leben unter der ewigen Sonne gezeichnete Typen spielen an Gitarre, Schlagzeug, Trommeln und Keyboard eine super Mischung aus Blues und Rock. Ben bestellt das erste Hefeweizen seines Lebens und sehr schnell ein zweites. Dazu gibt's Käsespätzle und eine riesige Brezel mit Butter und süßem Senf. Ich bekomme sogar ein Radler! Die Mischung aus Bier und Limo heißt hier Shandy. Wir stoßen an. Jetzt bin ich wirklich im Paradies!

„Ich will Wale schauen gehen und in die Berge fahren. Und ans Meer!“, erkläre ich an meinem ersten freien Tag beim Frühstück auf der Terrasse. Ich blättere durch die zentnerschwere Wochenendausgabe der Los Angeles Times. Ben liegt mit dem Sportteil im Liegestuhl.

„Müssen wir denn irgendwohin?“, fragt er. „Und warum in die Berge?“ „Da gibt's frische Luft und auch noch Schnee!“ Er schüttelt resolut den Kopf. „Kein Schnee! Ich bin doch nicht nach Kalifornien gekommen, um mich warm anzuziehen. Was ist denn mit Weinproben? Napa Valley ist doch hier irgendwo.“ Ben liebt Rotwein.

„Napa Valley ist hinter San Francisco. Über den Freeway sind das gut zehn Stunden Fahrt, am Meer entlang drei Tage!“ „Drei Tage?“ „Ja, wenn wir nicht rasen und zwischendurch Pause machen wollen.“

Er ist nicht der erste, der sich über Entfernungen in Kalifornien wundert. Immer wieder erkläre ich Kollegen, dass ich nicht „mal schnell für ein Interview“ nach San Francisco oder ins Silicon Valley fahren kann. Selbst mit dem Flugzeug geht mindestens ein ganzer Tag drauf. „Hmmm, dann vielleicht doch zu den Walen.“ Er klingt enttäuscht. „Was ist mit Paso Robles? Da gibt's doch auch guten Wein“, frage ich. „Was ist damit? Ist das nicht irgendwo da oben bei Napa Valley?“ „Nein, bis dahin sind es nur etwa drei Stunden Fahrt. Wir könnten ein Zimmer am Meer buchen und von da in die Reben fahren.“ Sein Gesicht hellt sich auf. Ich springe auf und setze mich an den Computer. „Ich buche uns ein richtig schönes Zimmer. Für unseren ersten Urlaub in Kalifornien.“ Ben hält mich davon ab, den Rechner einzuschalten. „Let's wing it!“ „Let's was???“ „Wing it!“ Ich lerne: Das heißt, ich soll improvisieren, die Sache auf mich zukommen lassen. „Sollen wir losfahren?“ Wie bitte? Habe ich richtig gehört? „Jetzt?“ „Warum nicht?“

Ich spüre eine wunderbar kribbelnde Aufregung. „Warum nicht? Genau! Let's wing it!" Wir werfen schnell ein paar Klamotten in unsere Taschen. Als Proviant müssen eine Tüte Salzbrezeln, zwei Äpfel und Wasser reichen.

Eine Stunde später biegen wir auf den Pacific Coast Highway ab! Wir öffnen alle Fenster. Ich lege die Kalifornien-Musikmischung in den CD-Player, die mir Susanne beim Abschied in Berlin in die Hand gedrückt hat: Beach Boys, Eagles, Tupac Shakur, Blondie. Roadtrip!

Ben wundert sich auf der Fahrt durch Malibu, dass wir von den Häusern am Strand fast nur Hecken und Garagentore sehen. Ich erzähle ihm, dass die Reichen und Schönen für ihre Multimillionen-Dollar-Immobilien Pseudo-Garagen und Pseudo-Auffahrten bauen lassen. „Sogar Parkverbotsschilder sind hier gefälscht. Pöbel wie du und ich sollen ihre Autos hier nicht abstellen und um Gottes Willen nicht zu ihnen an den Strand kommen." „Warum sollte sich irgendjemand auf dem schmalen Fetzen Sand hinlegen wollen? Gibt doch hier so viel davon. Sollen sie doch unter sich bleiben", sagt Ben und zeigt auf scheinbar endlosen Strand, der sich gerade vor uns ausbreitet. „Es geht doch ums Prinzip", protestiere ich. „Lass mich mal ein falsches Parkschild aufstellen. Da hab ich aber ganz schnell 'nen Strafzettel." Ben findet meine klassenkämpferische Wut zum Knutschen.

Unsere Fahrt geht weiter am Meer entlang. Wir sehen Kite-Surfer über den Wellen durch die Luft fliegen und eine Hochzeitsgesellschaft am Strand feiern. „So viel Wasser! So viel Sonne! So viel blauer Himmel!" Wir holen uns beim Tanken ein Eis und können nicht fassen, dass wir um diese Jahreszeit in T-Shirt und kurzen Hosen unterwegs sind. Ben kann auch nicht fassen, dass in Kalifornien alle überall in Flipflops rumlaufen. „Was ist, wenn die mal rennen müssen?" „Ich glaube, in Kalifornien rennt niemand."

Unser Ziel ist Pismo Beach. Ellenlange Strände soll es da geben, Wellen zum Surfen und Schwimmen, einen malerischen Pier und spektakuläre Sonnenuntergänge. Als wir in dem Küstenort ankommen, ist es dort vor allem: voll. Es gibt nicht einen freien Parkplatz auf der Hauptstraße. Ich sehe ein Schild zum Tourismusbüro. In der Seitenstraße daneben gibt es einen Parkplatz mit grünem Streifen am Bürgersteig. Hier darf ich fünfzehn Minuten parken, erinnere ich mich aus der Fahrprüfung. Am Tresen im Büro steht eine Frau im Rentenalter mit Muschelohrringen und Blumenband im Haar. „Ihr seid zur besten Zeit gekommen", begrüßt sie uns enthusiastisch. Ein Autofestival und der jährliche Wettbewerb um die beste Muschelsuppe finden in dieser Woche statt. „Leider haben wir kein einziges Zimmer mehr frei. Aber versucht es mal im nächsten Ort, Avila Beach."

„Wing it!", sage ich etwas pampig zu Ben, als wir wieder ins Auto steigen. Avila Beach ist ein verschlafenes Stranddorf abseits vom Pacific Coast Highway. Immerhin finden wir einen Parkplatz direkt vor einem Café, das seinen eigenen Kaffee röstet. Ben holt zwei Cappuccinos und zieht mich zu einer Bank auf der Promenade. Der Blick ist zugegebenermaßen fantastisch. Gibt es Untersuchungen, ob Menschen jemals genug von Sonnenuntergängen kriegen können? Ich kann mir das jedenfalls nicht vorstellen. Ein Zimmer hätte ich trotzdem gern. Mein Freund zeigt auf ein rotes Gebäude hinter uns: „Vacancy!" leuchtet über dem Eingang ein Neonschild. „Zimmer frei!" Billig ist es nicht. „Hochsaison. Auto- und Suppenfest", erklärt der Rezeptionist. „Und das Zimmer hat Meerblick." Wir schlagen zu.

Es werden wunderbare Tage zwischen Pazifik und Weinbergen. Bevor Ben aufwacht, gehe ich im sanften Morgenlicht am Strand spazieren, schwatze mit Hundebesitzern

und bringe Milchkaffee mit Blaubeermuffins zum Frühstück aufs Zimmer. Auf kurvigen Seitenstraßen fahren wir von Weinprobe zu Weinprobe übers Land vorbei an Weinreben, blühenden Mandel- und Olivenbäumen. Wir lernen, dass spanische Eroberer und Franziskanermönche Ende des 18. Jahrhunderts in der Region den ersten Wein angebaut haben und knapp hundert Jahre später ein Siedler aus Indiana das erste kommerzielle Weingut errichtete. Die Besonderheit der Region für den Weinanbau sind die extremen Wechsel zwischen Hitze von 35 bis 40 Grad am Tag und dramatisch niedrigeren Temperaturen zwischen fünf und zehn Grad nachts, zwischen feuchtem Küstennebel und monatelanger regenfreien Zeit. Wir machen Picknick unter alten Eichen auf Wiesen mit Blick zum Meer, füllen den Kofferraum mit Kisten von Zinfandel, Syrah und Cabernet. Die Gegend erinnert mich an Kindheit und Jugend im Markgräflerland – plus Meer! Der ruhige Pazifik in der Bucht vor dem Hotel lockt zum Schwimmen, aber das Wasser ist eisig kalt. Ich tauche abends nur kurz in die Wellen. Ben schwimmt, bis er blaue Lippen hat. Dann gehen wir auf der Promenade essen.

Zurück in Los Angeles verbringen wir viel Zeit bei Autohändlern. Ben hat es sich in den Kopf gesetzt, dass ich ein Cabrio kaufe, bevor er abfährt. Ein Problem erweist sich als unüberwindbar. Ich bin nicht kreditwürdig! Ich bringe Kopien meines Kontoauszugs mit, auf dem inzwischen ein paar tausend Dollar verzeichnet sind. Mein Chef bestätigt in einem Brief aus Berlin mein anständiges Gehalt und meine Festanstellung. Nichts hilft. In den USA muss man Schulden machen, um einen Kredit zu bekommen. Ich muss beweisen, dass ich einen Kredit abbezahlen kann, bevor mir jemand Geld leiht.

„Das ist ja wohl hochgradig schwachsinnig“, schimpfe

ich schließlich entnervt. „Dann kauf ich mir eben privat irgendeine Kiste." Davon raten sowohl Bank als auch Ben ab. „So ein Autovertrag ist die beste Möglichkeit, kreditwürdig zu werden", erklärt er. „Wenn du pünktlich abzahlst, kriegst du auch für andere Sachen einen Kredit." „Ich will aber überhaupt keinen Kredit. Scheißsystem!" „Aber du willst doch ein schönes Cabrio und nicht irgendeine Kiste!", erinnert mich Ben. Er schlägt vor, für meine Kreditwürdigkeit zu bürgen und den Vertrag mit zu unterschreiben. „Die Bank kriegt ihre Sicherheit, und du das Geld." So machen wir's! Jubelnd fahre ich schließlich mit offenem Verdeck ein gebrauchtes Chrysler-Cabrio vom Platz.

Mit diesem Wagen bringe ich zwei Tage später Ben zurück zum Flughafen. Zum ersten Mal ist es kein tränenreicher Abschied. „Sieh zu, dass du deine ‚loose ends' zu Ende gestrickt kriegst!", sage ich, bevor er durch den Metalldetektor verschwindet. „Kein Problem! In einem Monat bin ich hier."

Auf der Fahrt nach Hause klingelt mein Handy. Nacho!

„Ich hab' nächsten Samstag Geburtstag. Wir feiern in Boyle Hights. Ich würde mich sehr freuen, wenn du auch kommst. Hast du Lust auf Mariachi-Oke?"

April

„Was ist denn Mariachi-Oke?“ „Na, Mariachi und Karaoke.“ „Mariachi?“ Ich erinnere mich an vier Wochen Sprachkurs in Mexiko. „Männer in schwarzen Anzügen mit riesigen Sombreros? Furchtbar schräge Musik? Gitarren, Akkordeon, Trompete?“ „Genau die! Allerdings sind da, wo wir uns am Samstag treffen, Frauen-Mariachis! Trio Ellas!“ Er sagt das ganz ehrfürchtig. „Die tragen keine Sombreros, sondern rote Pumps. Und eine spielt teuflisch gut elektrische Geige. Sie machen die Musik fürs Karaoke. Ich werde singen wie ein mexikanischer Gott! Mariachi-Oke ist besser als jede Quincañera-Party.“ „Was für ’ne Party?“ „Quincañera! Die Party, wenn ein Mädchen fünfzehn wird. Jede mexikanische Familie, die etwas auf sich hält, muss für ihre Tochter eine Quincañera auf die Beine stellen. Das ist ein Riesenfest, fast wie eine Hochzeit“, erklärt mir Nacho. „Das Mädchen bekommt ein tolles Kleid. Sie wird in einer Limousine zum Fest gebracht. Alle Verwandten kommen. Es wird gegessen, bis die Bäuche platzen, getrunken natürlich und getanzt. Sweet Sixteen heißt das bei euch Gringos!“ „Ich bin kein Gringo, Nacho! Wir haben sowas in Deutschland nicht. Weder das eine noch das andere“, erinnere ich ihn. „Und was hat das alles mit deinem Geburtstag zu tun? Du bist doch keine fünfzehn mehr.“

Er stöhnt. „Ich sag ja nur, dass Mariachi-Oke besser ist als jede Quincañera. Wir sind in einem Club voller Pochos, die aus voller Kehle singen, und das mit der besten Frauen-Mariachi-Band der Welt.“

„Pochos? Was sind Pochos?“ „Ach herrjeh, du musst

noch viel lernen! Ich bin ein Pocho. Meine Familie ist aus Mexiko nach Amerika gekommen. Ich bin aber voll amerikanisiert und kann nicht richtig spanisch sprechen. Meine Verwandten nehmen mich deshalb ständig auf den Arm und nennen mich Pocho. Du wirst bald eine deutsche Pocha sein, wenn du nach Hause kommst und nicht mehr deutsch sprechen kannst." „Das wird mir NIE passieren!" „Wart's ab." Diese Party kann ich mir nicht entgehen lassen. „Okay, bis Samstag um acht, ‚Eastside Luv' heißt der Club, am Mariachi-Plaza", verabschiedet sich Nacho.

Ich sehe auf dem Stadtplan, dass der Platz tatsächlich so heißt. Eine U-Bahn fährt direkt dorthin, aber in den Pacific Palisades bin ich ewig weit entfernt vom öffentlichen Nahverkehr. Kein Wunder, dass in dieser Stadt alle mit dem Auto unterwegs sind. Der Sunset Boulevard führt direkt bis nach Boyle Heights, 35 Kilometer quer durch die Stadt. Wenn das nicht die perfekte Cabrio-Strecke ist! Am Ende heißt die Prachtstraße Cesar Chavez Avenue. Chavez hat 1962 die US-Gewerkschaft für Landarbeiter gegründet. Sein Leben lang kämpfte er für Bürgerrechte und Gleichberechtigung. Angeblich hat er den Kampfspruch „Sí se puede!" – „Ja, wir schaffen das!" populär gemacht.

Am Samstagnachmittag biege ich mit offenem Verdeck auf den kurvigen Sunset Boulevard ab. Die ersten Meilen fahre ich vorbei an Palmenalleen, saftig grünen Vorgärten mit Riesenauffahrten und meterhohen Hecken mit gigantischen schmiedeeisernen Toren. Dann taucht die flamingofarbene Hausfassade des „Beverly Hills"-Hotels auf. Hier hat Marlene Dietrich in den 1940er-Jahren an der Bar der „Polo Lounge" Martinis getrunken. Dass sie das im Hosenanzug tat und nicht im Rock, war ein Skandal und verstieß gegen die Hausordnung.

Auf die Serpentinen durch grüne Villen-Viertel folgt

der schnurgerade Sunset Strip mit Luxushotels, Restaurants, Promi-Anwesen und riesigen Werbetafeln. Ich fahre vorbei am „Chateau Marmont", wo Stars wie Greta Garbo, James Dean, Elizabeth Taylor und Clark Gable wochenlang in Pool-Bungalows lebten und in dem angeblich noch heute die tollsten Partys steigen. Stretchlimousinen überholen mich. Vielleicht sitzt ja Richard Gere hinter einer der verdunkelten Scheiben. Vielleicht sind es auch nur lauter verwöhnte Quincañera-Prinzessinnen auf dem Weg zur Fiesta.

Vorbei geht es an „Whiskey A Go Go", „House of Blues", „The Roxy" und „Viper Room". Vor ihm starb River Phoenix 1993 an einer Überdosis Heroin und Kokain. Zwischen den Musikclubs leuchtet gelb und rot ein zum Hamburger-Laden umgebauter Zugwaggon. Eine überdimensionierte Blockhütte lockt mit dem Versprechen von Riesensteaks und Elektro-Bullen-Reiten. Ich bin in Hollywood. Von Glanz und Glamour ist wenig zu sehen. Stattdessen muss ich höllisch aufpassen, um nicht in Schlaglöchern zu landen. Obdachlose schieben ihr Hab und Gut in Einkaufswagen über Bürgersteige. An jeder Kreuzung hält jemand ein selbstgemaltes Schild, bettelt um Geld, Essen oder: „Irgendwas, alles hilft!"

Die Straße bleibt holprig, doch auf den Bürgersteigen wird es bunter. Ich bin in Echo Park. Secondhand-Klamotten hängen an Kleiderständern vor den Schaufenstern. Frauen schieben klingelnde Kühlboxen auf Rädern vorbei an Cafés, Clubs und Restaurants. Ich parke und frage eine von ihnen, ob sie etwas zu trinken hat. Sie antwortet auf Spanisch.

„¿Agua? ¡Por favor!" Endlich lohnt sich mein Sprachkurs! Sie hebt den Deckel ihrer Kühlbox. Auf Eis liegen Getränkedosen, Wasserflaschen, Eis am Stiel und Plastiktüten mit Obst. „Was ist denn da drin?" Ich zeige auf eine der

Tüten. „¡Fruta!", sagt sie und lacht. „Mango, ananás, pepino." Obst und Gurken. Sie hält mir eine Tüte vor die Nase. „¡Tome! ¡Tome!" Ich nicke. „Ja, bitte!" Bevor ich sie stoppen kann, streut sie rotes Pulver in die Tüte. „Was ist das?" „¡Chile!" Sie lacht wieder und streut Salz dazu. „¡Chile y sal! ¡Muy bueno! ¡Muy sana!" – Salz und Chilipulver, gut und gesund! Mit der Tüte und dem Wasser überreicht sie mir eine Handvoll Servietten und eine Plastikgabel. Ich lehne mich damit an die Motorhaube meines Cabrios. Die Mischung aus süß, sauer und scharf schmeckt überraschend gut. Aus einem Tante-Emma-Laden klingt mexikanische Musik auf den Bürgersteig. Ich halte mein Gesicht der Sonne entgegen. Das ist ja wie Urlaub!

Für die Weiterfahrt hole ich mir noch einen Coffee-to-go, stelle ihn in die dafür vorgesehene Ausbuchtung in der Armlehne, fühle mich sehr amerikanisch und rolle in die Wolkenkratzerschluchten von Downtown. Die untergehende Sonne spiegelt sich in Fassaden aus Glas und poliertem Marmor. Erst verstehe ich nicht, warum an vielen Häuserwänden Pappkartons, Zelte und Einkaufswagen voller Sammelsurium stehen. Dann begreife ich: Das ist das Hab und Gut von Obdachlosen. In Los Angeles leben mehr als 9000 Menschen ohne feste Adresse. Viele von ihnen haben ihr Lager im Schatten der Hochhäuser aufgeschlagen. Nur wenige Kilometer entfernt von diesem Elend habe ich auf dem roten Oscar-Teppich gestanden. Dass es in dieser Stadt nicht jeden Tag Aufstände der Armen gegen die Schönen und Reichen gibt!

Ich höre Kirchenglocken und stelle mein Auto ab. Das Läuten führt mich zu einer sonnengelb gestrichenen Kirche. Ihr Holztor ist offen, das Innere erleuchtet von Kerzen und Kronleuchtern. Vor dem vergoldeten Altar beten kniend Gläubige. Ich beobachte, wie zwei Männer einen überdimen-

sionierten Aluminiumtopf durch Seitentüren nach draußen tragen, und folge ihnen. Im Innenhof der Kirche sind Klapptische aufgereiht. Aus dem Topf steigen Dampf und Duft von Hühnerbrühe in den Abendhimmel. Um die Kirche hat sich eine Menschenschlange gebildet.

„Was passiert hier?", frage ich einen der Männer, die den Topf getragen haben. „Obdachlosenspeisung. Jeden Abend. Möchtest du auch etwas?" Er hält mir eine Plastikschale und einen Apfel entgegen. Ich schüttele den Kopf und schaue mir die Schlange genauer an: müde, sonnengegerbte Gesichter und ungewaschene Haare, fadenscheinige Kleidung, abgenutzte Rucksäcke, schäbige Rollkoffer und zerschlissene Plastiktüten. Ich sehe auch eine dezent geschminkte Frau Mitte dreißig in weißer Jeansjacke und gebügelter schwarzer Hose. Ein paar Meter hinter ihr steht ein Mann im grauen Anzug und polierten Schuhen. Die Frau, die mit einer großen Kelle Suppe schöpft, folgt meinem Blick. „Man sieht es den Menschen nicht immer an, dass sie Hilfe brauchen", erklärt sie. „Seit es mit der Wirtschaft bergab ging, haben wir jeden Abend mindestens 500 Gäste. Früher waren es höchstens 200." Als ich gehe, ist der zweite Mega-Suppentopf leer und das Ende der Schlange noch immer nicht zu sehen.

Gegenüber von der Kirche liegt die Olvera Street, mitten im ältesten Stadtteil von Los Angeles. 1781 gründeten Siedler unter spanischem Regiment das „Pueblo de la Reina de Los Ángeles" am Flussbett. Bis dahin hatten dort nur Indianer gelebt. Der Fluss ist inzwischen durch Beton gebändigt, nur noch nach heftigen Regenfällen mehr als ein Rinnsal und beliebte Filmkulisse. John Travolta beeindruckte hier Olivia Newton John in „Grease" mit einer Autojagd. Arnold Schwarzenegger tobte als Terminator durch das Betonbett.

Olvera Street ist heute eine pseudo-mexikanische Tou-

ristenmeile. Mariachigruppen ziehen vorbei an Taco-Ständen, Restaurants und Souvenirläden mit buntem Schnickschnack. Im ältesten aus Lehm gebauten Haus ist ein Museum zur Geschichte des Viertels. Ich habe keine Zeit mehr – weder für Geschichte noch zum Bummeln, steige wieder ins Auto und folge der Stimme meines Navis über den Fluss nach Boyle Heights.

In den Dreißigerjahren des 19. Jahrhunderts lebten in diesem Arbeiterviertel Menschen aus allen Ecken der Welt: Russen, Japaner, Armenier, Afroamerikaner, Mexikaner, Südamerikaner. Jetzt wohnen dort vor allem Menschen lateinamerikanischer Herkunft. Ich kenne Boyle Heights aus den Nachrichten durch Schlagzeilen über gewalttätige Gangs, Kriminalität und Armut.

„Alles nicht so wild! Hier leben Familien und seit Neuestem immer mehr Künstler und Hipster, die gemerkt haben, wie cool das Viertel ist", hat mir Nacho versichert. Er ist in Boyle Heights aufgewachsen. „Es gibt viele neue Kneipen, Galerien und Cafés."

In der Straße, in der ich einen Parkplatz finde, hängt nur eine vergilbte Straßenlampe über der Kreuzung. Stahlgitter vor Fenstern und Türen deuten an, dass sich die Bewohner doch nicht ganz sicher fühlen. Eine Trompete übertönt den Straßenlärm. Ich biege um eine Ecke und traue meinen Augen nicht. Auf einem Platz mit überdachter Bühne in der Mitte stehen Mariachi-Gruppen in voller Montur: Sombreros, Instrumente, schwarze oder cremeweiße Anzüge mit poliertem Silberschmuck. „Guten Abend, Señora", spricht mich einer an. „Brauchst du eine Band? Wir spielen auch amerikanische Musik." Er drückt mir eine Visitenkarte in die Hand. Alle Läden am Platz sind geschlossen. Neonlicht scheint aus einer Kneipe auf den Bürgersteig. Durch Fensterfronten sehe ich spartanische Möblierung und bun-

te Fahnen von der Decke hängen. Männer in Cowboyhüten trinken Flaschenbier. Aus alten Fernsehern flackert ein Fußballspiel. Dann sehe ich an der Kreuzung gegenüber das Schild: „Eastside Luv" – die Kneipe, die ich suche. An der blutrot gestrichenen Mauer prangt ein Wandgemälde in schwarz-weiß. Ein Mariachi-Spieler. Was sonst?

Der Türsteher will meinen Führerschein sehen. Alterskontrolle. Sehe ich wirklich so aus, als wäre ich noch nicht 21? „Willkommen!", begrüßt mich der bullige Zwei-Meter-Mann nach kurzem Blick auf meinen Ausweis und lässt mich in die in Rotlicht getauchte Bar eintreten. Kronleuchter mit schweren Eisenketten an Stelle von Kristallen hängen über in Plastikfolie eingeschweißten Barhockern und Bänken. Die Wände sind mit roter Stofftapete verkleidet. Aus den Lautsprechern klingt Achtzigerjahre-Rock.

„Hey, Christin", höre ich Nachos Stimme. Ich habe mich daran gewöhnt, dass in den USA niemand meinen Namen richtig ausspricht. Nacho steht mit vier Freunden um einen Tisch vor der Bühne. Statt schwarzem Anzug trägt er ein blau kariertes Hemd und einen kleinen Hipster-Strohhut. „Noch einen Saladito!", ruft er dem Barkeeper zu und umarmt mich heftig. „Das ist Christin aus Deutschland. Gerade erst in Los Angeles angekommen. Sie hat sich aus der Westside zu uns gewagt", stellt er mich vor. Er legt seinen Arm um meine Hüfte und zeigt auf die einzige Frau am Tisch. „Das ist Magaly, Anwältin. Sie kämpft wie eine Löwenmutter für Immigranten." Magalys rotes Kleid mit schwarzen Punkten betont ihre üppigen Kurven. Ein grünes Haarband hält ihre schwarzen Locken zurück. Das Kreuz ihrer Samthalskette verschwindet fast im Dekolleté. Kräftig schüttelt sie meine Hand und zieht mich aus Nachos Umarmung auf den Barhocker neben sich. „Das ist Rafael, mein Freund, Musiker", stellt sie mir den schlaksigen Mann mit

langem dunklen Haar und Stoppelbart an ihrer Seite vor. „Und das sind Guillermo und Victor." Ich schätze die beiden, die mir höflich die Hand schütteln, auf knapp dreißig. Sie tragen enge Cordhosen und Pullis über karierten Hemden. „Computer-Nerds", sagt Magaly, „Die werden wenigstens mal reich!" Nacho drückt mir einen Cocktail in die Hand. „Saladito!", ruft er wieder und bestellt noch eine Runde.

„Saladito?" „Bier mit gesalzener Trockenpflaume." „Wer tut Trockenpflaumen und Salz in ein Bier? Und warum?" „Pochos!" Nacho lacht. Als die Drinks kommen, stoßen wir auf seine Gesundheit und ein langes Leben an. Die Mischung schmeckt erst widerlich. Nach ein paar Schlucken macht sie süchtig. Der DJ mischt nun spanische Songs und Hip Hop mit Rock und Pop. Auf der kleinen Bühne neben der Bar packen drei Frauen in engen schwarzen Hosen und roten hochhackigen Schuhen ihre Instrumente aus: eine dickbauchige Gitarre, eine Geige und eine E-Geige. „Trio Ellas", haucht Nacho.

Kurz darauf beginnen die Frauen zu singen und der Club zu beben. Der Holzboden schwingt. Der ganze Raum singt inbrünstig mit. Ich sehe Tränen fließen. Der Laden platzt aus allen Nähten.

„Zeit für Mariachi-Oke!", kündigt der Barbesitzer nach drei Liedern an. „Wer bricht das Eis?"

Nacho springt auf. „El Rey, El Rey!", ruft er dem Trio zu und klettert auf den Bartresen. Die Masse tobt und klatscht. Kaum spielt das Trio ein paar Akkorde, öffnet Nacho die Arme theatralisch und schmettert los wie ein betrunkener Placido Domingo. Ich verstehe nur „¡Llorar y llorar!" – „Weinen und weinen!" Schon beim zweiten Refrain gröle ich mit.

„Ignacio aus Hollywood!" Kaum hat ihn der Barbesitzer abgesagt, übernimmt eine Frau das Mikrofon. So geht es den ganzen Abend weiter. „Wir müssen uns wiedersehen!",

ruft mir Magaly zum Abschied zu. Ich gebe ihr meine Visitenkarte. „Hast du Lust, mit mir zu den Border Angels zu kommen? Die bringen Wasser in die Wüste. Für Einwanderer, die illegal über die Grenze kommen. Ich helfe ihnen nächste Woche. Vielleicht ist das ja eine Geschichte für dich." „Na klar ist das eine Geschichte!" Ich drängle mich durch die Massen raus auf die Straße. Vor der Bar steigt mir der Duft von Zwiebeln und Speck in die Nase. Eine Frau grillt am mobilen Herd Hot Dogs mit Paprikagemüse. Der perfekte Abschluss eines tollen Tages. Mit fettigen Fingern am Steuer fahre ich durch die Lichter von Los Angeles nach Hause und summe vor mich hin. „¡Llorar y llorar!"

Ein paar Tage später treffe ich mich vor Sonnenaufgang mit Magaly an einer Tankstelle. Sie prüft an ihrem klapprigen Auto den Luftdruck in den Reifen und den Ölstand. Ich habe sie kaum wiedererkannt. Ihre wilden Locken sind unter einer verblichenen Baseballkappe zum Pferdeschwanz gebunden. Ihre üppigen Kurven verschwinden unter einem ausgeblichenen langärmeligen T-Shirt. Im Kofferraum hat Magaly zehn Gallonen Wasser. „Für die Wüste. Wir bringen alle ein paar Kanister mit." Mir ist peinlich, dass ich nur an eine Wasserflasche für mich gedacht habe.

Wir fahren auf dem Freeway Richtung Süden. Die aufgehende Sonne färbt die Wolken über dem Meer rosa. Surfer paddeln in den Wellen. Frische salzige Luft kommt durch die offenen Fenster ins Auto. Auf halbem Weg ist die Ausfahrt zu Camp Pendleton, dem größten US-Militärstützpunkt an der Westküste. Mehr als 100 000 Menschen leben auf dem hügeligen Gelände. „Mein Bruder ist da gerade, im Marine-Boot-Camp", erzählt mir Magaly. „Ich bin nicht so begeistert, dass er zum Militär gegangen ist, aber meine Eltern sind sehr stolz. Die Regierung wird sein College bezahlen."

Ich packe mein Aufnahmegerät aus. „Warum hilfst du den Border Angels?“, frage ich und halte das Mikrofon in ihre Richtung. „Meine Eltern sind aus Mexiko illegal über die Grenze in die USA gekommen. Sie haben sich in einem Auto versteckt, aber ich kenne viele, die zu Fuß durch die Wüste gekommen sind. Manche sind unterwegs fast verdurstet.“

„Hat dir jemand von seinem Weg durch die Wüste erzählt?“ „Na klar! Ich habe viele solche Geschichten gehört. In meiner Familie hat es eine Tante am schlimmsten erwischt. Dulce. Der Coyote – so nennen wir die Schmuggler – hat sie und ihre Gruppe in der Nacht über die Grenze gebracht. Er hat ihnen gesagt, dass ein anderer Schmuggler den Rest vom Weg übernimmt. Dann ist er verschwunden. Es ist nie eine Ablösung gekommen. Dulce hatte eine Dose Thunfisch, ein bisschen Brot und eine Gallone Wasser. Nach drei Tagen in der Wüste hat sie gedacht, sie muss sterben. Sie hatte sogar ihre Schuhe verloren. Ich erinnere mich genau, wie mein Vater sie zu uns gebracht hat. Sie war total abgemagert und verdreckt. Das ist zehn Jahre her.“

„Und wie geht es ihr jetzt?“ „Gut. Sie arbeitet in einem Restaurant. Sie ist nur traurig, dass sie nicht zur Beerdigung ihrer Mutter reisen konnte. Sie hat immer noch keine Papiere. Ohne Coyote kommt sie nicht zurück in die USA. Das ist zu teuer und wird auch immer gefährlicher.“ Magaly hält ihre Augen konzentriert auf die fünfspurige Fahrbahn.

„Macht dich das nicht traurig? Oder sauer?“ „Natürlich. Deshalb bin ich Anwältin geworden. Enrique von den Border Angels kann dir noch mehr erzählen. Er war sogar schon im Weißen Haus in Washington. Er hat auch engen Kontakt zu Grenzschutztruppen. Solange er sich an die Regeln hält, lassen sie ihn in Ruhe.“ „Die Regeln?“ „Wir dürfen nur an genehmigten Orten Wasser deponieren, keinen Kontakt mit

Schmugglern haben und müssen Bescheid sagen, wenn wir auf Flüchtlinge treffen."

Durch den Berufsverkehr von San Diego fahren wir zu einem Bürogebäude nahe am Hafen. Gärtner wässern Hotelanlagen, und Restaurantbesitzer spritzen Bürgersteige sauber. Ein kräftiger Mann um die fünfzig in schwarzen Jeans, grauem Sweatshirt und schwarzer Baseballkappe mit der gelben Aufschrift „Border Angels" kommt auf den Parkplatz. „Enrique", stellt er sich vor, schüttelt meine Hand und sagt, dass noch sechs andere Helfer kommen werden. Wenig später sind alle da. Wir laden etwa fünfzig Gallonen Wasser auf die Ladefläche seines Minilasters. Ich setze mich mit zwei Studenten zu Enrique in die Fahrerkabine. Die anderen steigen in Magalys Auto.

„Wir fahren etwa eine Stunde Richtung Osten, dann nach Süden, Richtung Grenze", erklärt Enrique und startet den Motor. „Was willst du wissen?", fragt er mich. Ich packe wieder mein Aufnahmegerät aus. „Was tun die Border Angels und warum?" „Wir bringen Wasser in die Wüste, damit weniger Menschen auf der gefährlichen Suche nach einem besseren Leben für sich und ihre Familien verdursten", beginnt er. „Die Temperaturen an der Grenze zwischen Mexiko und Kalifornien steigen im Sommer auf über 45 Grad. Trotzdem machen sich jedes Jahr Hunderttausende auf den Weg von Mexiko und Mittelamerika nach Norden. Wir schätzen, dass jeden Tag zwei Menschen beim Versuch, die Grenze in die USA zu überqueren, sterben." Ich merke, dass er das alles schon oft erzählt hat. „Warum kommen immer noch so viele, obwohl es so gefährlich ist?" „Sie hören von denen, die in Kalifornien, in Texas, in Arizona ein Restaurant eröffnen, einen Möbelladen oder eine Schneiderei. Sie verdrängen das Risiko. Ich sage ihnen immer, sie sollen bleiben. Es ist zu gefährlich."

Die Klimaanlage läuft auf Hochtouren. Die Anzeige für die Außentemperatur zeigt 35 Grad. Wir fahren durch ödes, hügeliges Niemandsland. Weit und breit kein Baum, kein Haus, kein Mensch. Vereinzelt leuchten gelbe Wildblumen zwischen Dornenbüschen, Felsbrocken und rötlicher Erde. Der Asphalt flimmert. Auf dem Seitenstreifen des Freeways stehen in regelmäßigen Abständen Grenzschutz-Autos. Enrique biegt auf eine unbefestigte Seitenstraße ab.

„Noch zehn Minuten bis zur Grenze", erklärt er. Ich drehe mich zu den beiden freiwilligen Helfern auf der Rückbank um. Cynthia studiert Politikwissenschaften in San Diego. Sie hilft den Border Angels zum dritten Mal. „Was war bisher dein beeindruckendstes Erlebnis?" „Am härtesten ist es im Hochsommer, wenn du selber beim Wasserschleppen fast umkippst. Und das, obwohl wir nur ein paar Minuten in der Hitze stehen. Einmal haben wir Babyschuhe gefunden und einen kleinen rosafarbenen Rucksack. Ich hab' mir vorgestellt, wie die Mutter mit dem Kind durch die Wüste zieht. Sie sind mindestens drei Tage unterwegs. Es muss schlimm sein."

Neben ihr sitzt Ryan. Der Ernährungswissenschaftler hat seit der Begrüßung noch nichts gesagt. Er ist zum ersten Mal mit den Border Angels unterwegs. „Ich komme aus Wyoming. Da spricht man nicht viel über Einwanderer. Ich wusste nicht einmal, dass jeden Tag zwei Menschen an der Grenze sterben. Hoffentlich helfen wir mit dem Wasser, dass ein paar mehr überleben."

Enrique hält. Der Weg endet an einer vier Meter hohen Wand aus zusammengeschweißten rostigen Metallplatten. Die Grenze. In beide Richtungen ist kein Ende der Mauer in Sicht. Enrique biegt auf den holprigen Pfad ab, der parallel zu ihr verläuft, fährt bis zu einer Felsformation und stellt den Motor ab. Wir öffnen die Türen. Heißer Backofen-

wind bläst uns Sand ins Gesicht und verschlägt mir den Atem. Magaly und die anderen vier Studenten kommen zu uns. Ich setze meine Baseballkappe und die Sonnenbrille auf.

Enrique warnt vor Schlangen, Skorpionen und Spinnen, während wir Wasserkanister von der Ladefläche heben. Dann zeigt er, wo zwischen Felsen die besten Schattenplätze sind. Ich laufe mit meinem Aufnahmegerät neben den freiwilligen Helfern her, dokumentiere ihr Stöhnen und Stolpern. Schon nach fünf Minuten sind wir durchgeschwitzt, nach einer Viertelstunde atemlos. „Es ist sehr leicht, hier zu sterben", spricht Enrique aus, was uns vermutlich allen durch den Kopf geht. Er deutet auf ein Stück Stoff hinter dem Felsen – der Ärmel eines Anoraks, ein paar Meter weiter liegt ein löchriger Strumpf. Es sind die Überreste einer Gruppe auf der Durchreise. Dann steckt Enrique einen langen Stab mit kleiner roter Fahne neben das Depot. Sie ist ein Zeichen für die Einwanderer. Die sollen schon aus der Ferne sehen, dass hier Wasser für sie deponiert wurde.

Ein Wagen der Grenzpatrouille fährt entlang der Mauer im Schritttempo auf uns zu und hält an. Der Uniformierte am Steuer winkt Enrique zu sich. Ich will aufnehmen, was sie reden, doch er bedeutet mir mit einer schnellen Geste, zurückzubleiben. Nach ein paar Minuten verschwindet das Grenzauto hinter einer Staubwolke. „Wir haben ein stilles Abkommen mit den Grenzern", erklärt mir Enrique später. „Sie lassen die Leute, die dort Wasser mitnehmen in Ruhe."

„Hast du selbst schon mal Immigranten an den Depots getroffen, ihnen geholfen, sie ihm Auto mitgenommen?" „Das würde gegen die Regeln verstoßen." Sein Blick sagt mir, dass er nicht mehr dazu sagen wird. Stattdessen erzählt er von selbsternannten Wachtruppen wie dem „Minuteman Project". Sie lauern an den Wasserstationen auf Einwande-

rer, verständigen die Polizei und warten – manchmal mit Gewehr im Anschlag – bis sie festgenommen werden. „Sie zerstören unsere Wasserkanister. Wir finden regelmäßig Behälter, die mit Messern aufgeschlitzt wurden. Das Schlimme daran ist: Menschen sehen die rote Fahne und denken, sie finden hier Wasser. Wenn sie ankommen, sind die Kanister leer. Manchen fehlt die Kraft, um weiterzugehen."

Ryan drängelt, die letzten Wasserkanister zu holen. Er trägt zwei Gallonen in jeder Hand. Seine Haare kleben an der Stirn. Sein T-Shirt ist völlig durchnässt. „Wir hätten mehr mitbringen sollen", schnauft er. „Die Vorstellung, dass eine Person dieses Wasser findet und wir dadurch vielleicht ein Leben retten können – das ist einfach unglaublich!"

Wenig später fahren wir zurück. Die Klimaanlage surrt. Enrique hält an der ersten Tankstelle an der Straße. „Gute Arbeit! Ich schmeiße eine Runde Eis am Stiel. Das habt ihr euch verdient." Ich freue mich vor allem auf frisches kaltes Wasser.

Auf der Fahrt zurück nach Los Angeles gehen mir tausende Gedanken durch den Kopf. Ich werde ewig dafür dankbar sein, dass ich meine Familie besuchen und reisen kann, wann ich will. Nie wieder werde ich mich über einen schlechten Sitzplatz oder ungewürztes Essen im Flugzeug beschweren. Die Dusche am Abend kommt mir vor wie ein wunderbarer Luxus.

Als ich aus dem Badezimmer komme, leuchtet das Licht an meinem Anrufbeantworter. „Hello, Sweety!" Es ist die Stimme von der besten aller Freundinnen, von Susanne aus Berlin. „Ich komme nach Kalifornien. Ich hab gerade gebucht. In einer Woche bin ich da! Freitagnachmittag, 16.50 Uhr, internationaler Terminal. Ich freu mich schon! Knuuuuuuuutschi!"

Mai

„SUSANNE!" „SWEETIE!" Die allerbeste aller Freundinnen schiebt ihren Gepäckwagen mit weiten Schritten aus dem Tunnel in die Ankunftshalle des internationalen Terminals. Sie trägt eine schwarze Stola über einem schwarzen Rollkragenpulli. Ihre feuerrot geschminkten Lippen sind zum weiten Lächeln geöffnet, die dunklen Augen blitzen. Wir fallen uns zwischen Wartenden aus allen Ländern kreischend in die Arme. Mein Herz macht ein paar glückliche Hüpfer. „Mann, ich hab nicht geahnt, wie sehr ich dich vermisse!"

Auf dem Weg zum Ausgang überfalle ich Susanne mit Fragen nach dem Flug, dem Leben in Berlin und den süßen Kindern. „Süße Nervensägen! Das sind Teenager, hast du das vergessen?", antwortet sie und hält abrupt an, kaum dass wir durch die automatische Schiebetür gegangen sind. „Ich muss jetzt erstmal eine rauchen!" „Sorry, da müssen wir noch ein paar Meter weiter!" In einer Ecke zwischen Mülltonnen und vertrockneten Büschen ist ein weißes Rechteck auf den Bürgersteig gemalt. Auf acht Quadratmetern ziehen eine Handvoll Neuankömmlinge an ihren Zigaretten.

„Tut mir leid, aber Raucher sind in Kalifornien so was wie Aussätzige", erkläre ich. „Rauchen verboten in allen öffentlichen Gebäuden, an Bushaltestellen, in Parks, am Strand von Santa Monica ..." „Verklemmte Amis!", unterbricht Susanne meine Aufzählung.

Ich weiß zum Glück, dass ich jetzt nicht zu meiner US-Verteidigungsrede ansetzen muss. Susanne hat in New York

gelebt. Sie hält die Bewohner dieses Landes für seltsam bis bekloppt, aber grundsätzlich liebenswert. Dem habe ich nichts hinzuzufügen. „Ahhhh!“ Tief atmet sie den Zigarettenrauch ein und bläst ihn langsam wieder aus. „Jetzt geht's mir besser!“

Beim Spaghettikochen bringen wir uns auf den neuesten Stand in unseren Leben. Ihre Berichte von der Arbeit, Konferenzen und Kollegentratsch machen mich dankbar für meine Unabhängigkeit als Korrespondentin. Erzählt sie von Feierabendtreffs im Biergarten, unserem Lieblingscafé, Wochenmarkt und Döner-Imbiss, werde ich wehmütig. Sie beneidet mich um den Ausblick von meinem Arbeitsplatz. Dass ich permanent E-Mails und Nachrichten checke, findet sie beunruhigend.

„Du musst doch auch mal abschalten.“ „Abschalten gibt's hier nicht. Stell dir vor, Mark Zuckerberg schließt Facebook, und ich kriege nichts davon mit. Oder Britney Spears wird verhaftet! Oder San Francisco liegt unter einem Erdbeben begraben!“ „Ich wette, dann ruft dich ganz schnell jemand an und sagt dir Bescheid.“ Sie schlürft Tomatensauce vom Holzlöffel. „Besser ist, ich weiß es, bevor die Redaktionen es sehen.“ Ich schalte die Abendnachrichten ein.

„Und wann kommt Ben?“ Ich zeige zum laufenden Fernseher und dem Laptop auf der Küchenablage. „Ich bin nicht mal mehr sicher, ob überhaupt Platz für ihn in meinem Korrespondentinnenleben ist.“ Ich erschrecke darüber, dass ich diesen Gedanken ausgesprochen habe. „Bring mal das Geschirr auf die Terrasse. Ich komme mit dem Essen nach“, versuche ich, vom Thema abzulenken.

„Meinst du denn, er kommt noch nach?“ fragt sie später beim Wein, eingemümmelt in eine Decke auf dem Liegestuhl. „Keine Ahnung!“ Allen anderen erzähle ich immer,

dass der Boyfriend natürlich kommen wird, sobald die blöden „loose ends“ nicht mehr lose sind. Mit Susanne bin ich ehrlich. Ich schaue stumm zu den Sternen, suche nach dem großen Wagen. Susanne drückt ihre Zigarette in meinen blauen Hertha-BSC-Aschenbecher aus. „Ich bin plötzlich todmüde. Morgen machen wir Ausflugspläne.“ Während sie schlafen geht, schreibe ich im Studio noch eine Nachrichtenminute über ein Radrennen durch Kalifornien. Einige der Fahrer stehen unter Dopingverdacht. In ein paar Wochen werden sie bei der Tour de France antreten.

Um fünf Uhr morgens klingelt das Telefon. Eine Sportredaktion will ein Gespräch zu den gedopten Radlern. Nach der Live-Schaltung kann ich nicht mehr einschlafen und hänge später schlapp beim dritten Kaffee am Frühstückstisch. „So geht das nicht weiter“, entscheidet Susanne. „Es ist Wochenende. Haben die denn gar keinen Respekt? Wir fahren nach Palm Springs!“ Die Freundin einer Kollegin hat uns in ihr Haus eingeladen. „Pool, Garten, Gästezimmer mit Kamin.“ „Ich kann nicht“, schüttele ich den Kopf. „Ich kann nicht schon wieder Urlaub beantragen.“

„Da gibt’s doch bestimmt eine Geschichte zu recherchieren! Frank Sinatra, Bauhaus-Architektur, Filmfest, die älteste Palme Kaliforniens. Irgendwas.“ „Das kriege ich nie genehmigt!“ „Du bist die Chefin! Du entscheidest!“ Sie kann nicht fassen, dass ich bis jetzt weder in Big Sur, Death Valley noch im Joshua Tree Park war. „Ich hab’ einfach zu viel Arbeit!“ „Ich sag’ ja: So geht’s nicht weiter! Jetzt fahren wir erstmal an den Strand!“

Mit offenem Verdeck cruisen wir den Hügel hinunter und singen lauthals zur Kalifornien-Musikmischung aus Beach Boys, Sheryl Crow und Tupac Shakur. Ein Obdachloser an der Kreuzung von Sunset Boulevard und Pacific Coast Highway klatscht uns Beifall. „Wir Einheimischen

nennen den Pacific Coast Highway übrigens nur PCH – Piiiiiih-Siiiiiiih-Äidsch", kläre ich Susanne auf. Die nickt beeindruckt, hebt sich vom Beifahrersitz und reicht dem Obdachlosen einen Fünf-Dollar-Schein.

Später sitzen wir auf einer Hotel-Dachterrasse bei Cocktails und einem Riesenteller Hot Wings. Von hier haben wir einen Rundblick vom Meer über das Hollywood-Zeichen zu den Wolkenkratzern von Downtown mit Gipfeln der Sierra Nevada dahinter. „Mann, das ist schon ein irrer Ort zum Leben." Susanne streckt sich auf dem Lounge-Sofa aus. „Wenn man nur rauchen könnte!"

Ich habe eine Überraschung für sie. „Wir gehen auf Hubschraubertour!" Sie reißt ihre Augen weit auf. „Ich schreibe ein Stück über die Polizei von Los Angeles. Die hat die größte Hubschrauberflotte der USA, wahrscheinlich der ganzen Welt. In manchen Vierteln sind sie so alltäglich wie Kolibris in meinem Vorgarten. Sie nennen die Dinger auch Ghetto Bird, habe ich gelesen." „Pervers!" „Ich flieg diese Woche mit einem Polizeihubschrauber. Du kannst mitkommen. Musst nur deinen Presseausweis mitbringen." „Das ist ja super!"

Und so stehen wir ein paar Tage später auf dem Dach eines Betonklotzes zwischen Hauptbahnhof, Stadtautobahn und Los Angeles River. Dort warten sechs silberblaue Hubschrauber mit weit ausladenden Motorblättern auf ihren Einsatz. Brad, der für uns zuständige Pilot, hat einen Seelöwenschnauzer und dicke Muskeln unterm olivgrünen Overall. Nach einem kräftigen Handschlag führt er uns zu einem Helikopter am Rand des Daches. „Kleiner Test, ob ihr schwindelfrei seid", dröhnt er in rauchigem Bariton und öffnet die Tür. Susanne zwängt sich auf den Rücksitz. Ich schnalle mich auf dem Beifahrersitz an. Er gibt uns grüne Kopfhörer.

„Hier ist der Lenkknüppel, hier die Geschwindigkeitsanzeige, hier sind die Pedale. Über diesen Knopf steuerst du die Infrarotkameras unter uns", erklärt Brad. „Das ist das Radio, hier die Verbindung zu Zentrale und Streifenwagen." Er zeigt auf das Armaturenbrett. „Als Kopilotin musst du übernehmen, wenn ich ausfalle." Hab ich da was übersehen auf dem Papier, das wir im Büro unterschreiben mussten? Brad lacht laut. „Keine Sorge! Kleiner Scherz. Ich hab' alles im Griff!" Er schaltet den Motor ein. „Festhalten!" Wir steigen senkrecht hoch zwischen den Wolkenkratzern. Ich drehe mich um. Susanne grinst wie ein Honigkuchenpferd und streckt beide Daumen nach oben.

Brad macht einen schnellen Schlenker in Richtung Westen. Mein Magen schlenkert hinterher. „Wir fliegen erstmal Richtung Küste, gibt grade keinen Einsatzruf. Das müssen wir ausnutzen", dröhnt Brad über starkes Knistern und Motorendröhnen hinweg in meine Ohren. Wir fliegen zwischen Bürotürmen hindurch zu den Hollywood Hills. „Gute Fotogelegenheit", ruft Brad. Das Hollywood-Zeichen ist zum Greifen nah. Davor ein See. „Lake Hollywood Reservoir", erklärt unser Pilot. Susanne hat ihre Kamera an die Scheibe gepresst. Brad zieht die Nase des Hubschraubers in Richtung Wasser. Dann dreht er plötzlich weg und wir fliegen über Villen und Schlösser mit golfplatzgroßen Gärten, Swimmingpool-Landschaften und Tennisplätzen. „Hier hat Madonna mal gewohnt. In dem Schloss. Da drüben, das gehört Denzel Washington. Leonardo DiCaprio und Keanu Reeves wohnen nebeneinander, da oben in den Hügeln." Mich beunruhigt, dass Brad beim Erklären eine Hand vom Steuer nimmt. Mir wäre auch lieber, er würde nicht über jeder Promi-Herberge mehrere Runden drehen. Ob ich wohl genauso blass aussehe wie Susanne?

„Jetzt aber los zur Küste", ruft Brad und gibt Gas. „Der

Vogel hat mehr als 200 Stundenkilometer drauf. Schneller als die Autobahn." Wir fliegen über verstopfte Freeways, Basketballplätze, Einkaufszentren, Pools und scheinbar endlose Reihen von Einfamilienhäusern. „Wir sind schneller als jeder Streifenwagen und deshalb oft die Ersten am Tatort", erklärt Brad und schwenkt nach rechts. Die ganze Küste liegt vor uns. Endloser Pazifik, weiße Strände, dahinter die Bergkette, unter uns der PCH. Susanne boxt begeistert in meine Rückenlehne.

Plötzlich wird das Gesicht des Piloten ernst und superkonzentriert. Ein Ruf zum Einsatz. Während er den Hubschrauber Richtung Innenstadt lenkt, tauscht er mit der Kommandozentrale Informationen und Koordinaten aus. „Einbruch. Zwei Verdächtige. Möglicherweise bewaffnet", erklärt er uns. Ich hoffe, ich habe das alles aufgezeichnet.

Brad kreist etwa 250 Meter über einem Block westlich von den Downtown-Wolkenkratzern. Über uns schweben brummend Hubschrauber der lokalen Fernsehsender. Am Boden blinzeln Neugierige zum Himmel. „Schaut, ob ihr irgendwo was Verdächtiges seht", klingt Brads Stimme in mein Ohr. „Garagen, Schuppen, überdachte Terrassen, da verstecken sie sich gern." Ich starre nach unten. Aus allen Himmelsrichtungen kommen Streifenwagen mit Blaulicht und Sirenen angefahren. Das Knattern verzerrter Stimmen im Kopfhörer wird lauter. Der Pilot spricht in Abkürzungen, die ich nicht verstehe. Unten umstellen Polizisten ein Haus. Brad zirkelt noch ein paar Runden. „Alles unter Kontrolle am Boden", sagt er schließlich und dreht ab. Dann wendet er sich zu uns. „Mädels, ihr seht etwas mitgenommen aus. Zeit, zurück in die Zentrale zu fliegen."

Etwas wacklig steigen Susanne und ich aus dem Hubschrauber. „Ich muss ins Büro", verabschiedet sich Brad, „wenn ihr Fragen habt, meldet euch." Er bringt uns zur Tür,

und schon ist er verschwunden. „Ich brauch' jetzt erstmal 'ne Zigarette", schnauft Susanne, kaum dass wir auf dem Bürgersteig stehen. „Und ich einen Kaffee."

Zwei Tage später verabschiedet sie sich nach Palm Springs. Ich winke ihr hinterher, habe ein schlechtes Gewissen, weil ich sie alleine lasse. Das kalifornische Leben geht irgendwie an mir vorüber. Susanne genießt es dagegen in vollen Zügen. Obwohl sie chronisch pleite ist, hat sie sich ein Mustang-Cabrio geliehen. Warum kann ich mich nicht einfach mal richtig locker machen? Missmutig stampfe ich ins Studio und fange an zu arbeiten. Ein paar Stunden später ist das Haus von Nebel umhüllt. Kein Sonnenstrahl schafft es durch das dicke Grau des Küstennebels. May-Grey nennen es die Einheimischen. Na, das hat mir gerade noch gefehlt.

Meine Eltern rufen etwas später an. Sie haben mich mal wieder im Radio gehört. „Ganz toll! Du hast eine so gute Stimme", schwärmt meine Mutter. Es ist noch immer eine seltsame Vorstellung, dass ich nun in ganz Deutschland zu hören bin. „Was war es denn für ein Bericht?", frage ich, und meine Mutter stockt. „Ich glaube was mit Radfahrern", sagt sie dann. „Die Bäckerin hat mich auch angesprochen. Du weißt schon, von der Bäckerei an der Kirche, wo ihr als Teenies immer Bienenstich geholt habt." Ich erinnere mich und kann mal wieder selbst kaum fassen, dass ich es von dieser Kirchenbank nach Los Angeles geschafft habe.

Susanne kehrt ein paar Tage später braungebrannt von ihrem Ausflug nach Palm Springs zurück. Ihre schwarze Berliner Garnitur hat sie gegen eine grüne Frotteejacke mit weißer Aufschrift „Palm Springs" und orangefarbene Schlaghosen getauscht. Sie hat auf dem Rückweg einen Abstecher zur Salton Sea gemacht. „Was für ein stinkendes Loch!", stöhnt sie und lässt sich auf einen Liegestuhl fallen.

„Das sah auf der Landkarte aus wie ein traumhafter See mit Strandufer. Aber das ist die reinste Apokalypse!"

Ich habe schon von der „Riviera of the West" gelesen. Das mit der Riviera, das war mal, zu Zeiten von Marilyn Monroe, Frank Sinatra und seinem Rat Pack. Wassermassen waren aus dem Colorado River durch einen kaputten Damm direkt in die Salzebene südlich von Palm Springs geströmt. Dort bildete sich ein See, an dem Promis und Politiker Jachten hatten und Riesenpartys feierten. Der Damm ist schon lange repariert, und das Wasser verdunstet langsam. „Da schwimmen massenhaft tote Fische. Und stinken!" Susanne schüttelt sich bei der Erinnerung. „Der Strand – das sind ausgebleichte Gräten mit Salzkruste, selbstgezimmerte Schuppen und halb zusammengefallene Wohnwagen. Da könnten sie den nächsten ‚Mad Max' drehen." Sie zündet sich eine Zigarette an. „Immerhin hat es keinen gestört, dass ich rauche." Sie scheint den Umweg ins Nirgendwo nicht zu bereuen. „Ich hätte fast auf einem Campingplatz dort übernachtet – Slab City – das war dann aber doch etwas unheimlich. Ich bin nicht mal ausgestiegen."

„Der letzte freie Ort der USA. Kein fließend Wasser, kein Strom, keine Müllabfuhr, kein Meldeamt, keine Gesetze", erkläre ich ihr. Slab City steht seit einer Weile auf meiner To-do-and-to-see-Themenliste. „Seit Sean Penn da vor ein paar Jahren für ‚Into The Wild' gedreht hat, tauchen andauernd Möchtegern-Hippies auf und nerven die Einheimischen. Angeblich hat schon jemand mit Schrotflinten auf Besucher geschossen. Es soll da aber auch 'ne tolle Künstlerkolonie geben." „Mensch, da musst du hin!" Ich schaue in Susannes begeistertes Gesicht. „Stimmt! Da muss ich hin!" Plötzlich ist das sonnenklar. „Ich kann nicht immer nur in meinem Studio hocken." Susanne grinst mich verschwörerisch an. „Wir fahren die Küste hoch", beschließe ich aufge-

regt. „Samstag geht's los. Nach dem Frühstück. Mal sehen, wie weit wir kommen."

So machen wir's. Im Gepäck haben wir nur Zahnbürsten, Handtücher, Badeanzug, Nachthemd und Unterwäsche. Dass wir nicht immer Handyempfang haben werden, verdränge ich, als wir auf den Küsten-Highway abbiegen.

Es ist ein traumhafter Tag. Abgesehen von ein paar freundlichen Wolken am Himmel herrscht klare Sicht bis zum Horizont. Zu unserer Rechten erstrecken sich endlose Bergketten voller gelber Wildblumen. Während ich im Cruise-Gang die Straße entlanggleite, hält Susanne Ausschau nach Delfinen und pfeift Surfern hinterher. Von Handtüchern nur dürftig bedeckt, zwängen sie sich am Straßenrand in ihre Wetsuits oder stehen barfuß mit Brettern unterm Arm auf dem Mittelstreifen. Der Highway führt auf und ab, kurvig und gerade, immer am Meer entlang, dann irgendwann durch endlose Obst- und Gemüsefelder, in denen sich Arbeiter nach Erdbeeren und Salat bücken. Dann glitzert wieder der Pazifik neben uns. Auf dem Mittelstreifen blühen Oleander und Riesenazaleen. Wir sind in Santa Barbara.

„Zeit für ein Picknick", entscheide ich, und wir breiten in der Bucht Brote und Obst aus. Vor uns ankern Segelboote. „Schön, aber spießig", ist Susannes Urteil, unbeeindruckt von der Tatsache, dass in den Hügeln hinter uns Promis wohnen und Rassepferde neben Polofeldern weiden. „Wir sollten uns wenigstens die Mission anschauen. Wir sind am Camino Real", sage ich, als wir wieder ins Auto steigen. „Das ist kalifornische Geschichte. Spanische Franziskanermönche haben sie gebaut." „Und dabei Indianer zwangsmissioniert, ausgenutzt und mit ihren Krankheiten angesteckt. Wir fahren weiter." Susanne setzt sich ans Steuer und lässt den Motor an.

Die Sonne steht über uns. Der Fahrtwind bläst mir ins Gesicht und wirbelt mein Haar durcheinander. Mir entfährt ein Freudenjauchzer. Der PCH führt uns wieder durch Landwirtschaft. Wir singen „Strawberry Fields Forever“, schmieden Pläne, im Wohnwagen durch die USA zu reisen, und landen am frühen Nachmittag in Cambria. Das ist ein schnuckeliger Ort mit Wildwest-Ambiente: kleine Läden und Ponyreiten neben der Post. In einer Bäckerei kaufen wir duftende Zimtschnecken direkt aus dem Ofen mit gefühlten 5000 Kalorien pro Stück. Uns tropft die klebrige Glasur übers Kinn.

„Weiter geht's!“ Ich übernehme wieder das Steuer. Die Küste, das sind jetzt endlos lange Strände zwischen dunklen Felsen, an die Wassermassen krachen. Schiefe Bäume säumen steile Abhänge. Auf sanften Hügeln grasen schwarze Kühe. Wir schalten das Radio aus. Staunen wortlos.

„Fahr da rüber!“, ruft Susanne plötzlich und zeigt auf einen überfüllten Parkplatz. Zwischen Autos laufen Dutzende von Menschen mit Fotoapparaten herum. Ich mache ein waghalsiges Manöver quer über die Straße und wir steigen aus. „Aussicht zu Flora und Fauna“, leitet uns ein Schild ans Wasser. Was ich im Vorbeifahren für ein Lager von fetten Baumstämmen im Sand gehalten habe, sind bullige Seelöwen, die sich träge am Strand sonnen. Ab und zu löst sich ein schwerer Körper aus der Masse, schiebt sich über Sand und scharfe Felskanten, um elegant ins Wasser abzutauchen. Zwei Bullen kommen sich ins Gehege und stellen ihre Oberkörper voreinander auf. Krächzendes Bellen übertönt Wellen, Touristen und den Wind. Nach einigen Minuten Imponiergehabe verzieht sich ein Bulle ins Wasser. Der Sieger des Brüllgefechts macht sich auf seinem Platz breit, wirft sich mit lässigem Flossenschlag Sand über seine Flanken und legt sich wieder hin, als wäre nichts gewesen.

„Besichtigung von Hearst Castel, Wein in Paso Robles oder Küste?“, fragt Susanne. Ich zeige gen Norden. „PCH! Vielleicht schaffen wir es ja noch bis Monterey.“ Laut Karte sind das rund hundert Meilen, auf der kurvigen Strecke etwa zweieinhalb Stunden Fahrt. Doch es wird einfach zu großartig, um aufs Gas zu treten. Nach jeder Biegung wird die Aussicht toller. Über Klippen, sich brechende Wellen, Buchten und Wiesen schauen wir zum Horizont in weite Ferne. Am Straßenrand stehen krumme Pinien und starke, gerade Eichen, wachsen Lavendel, Salbei, gelbe, rosafarbene, blaue und lilafarbene Wildblumen. In Schluchten erkennen wir Mammut- und Eukalyptusbäume. „Wie das duftet!“ Wir halten an, fotografieren, atmen tief ein, staunen, fahren weiter vorbei an Wasserfällen und über Bilderbuchbrücken. Hoch über uns kreisen majestätisch Vögel. „Ein Habicht!“ „Nein, ein Falke!“ „Ich glaub, das ist ein Adler!“ „Da oben! Ein Kondor!“

Gerade als wir überlegen, wo wir für den Sonnenuntergang anhalten sollen, erscheint eine Reihe weißblauer Holzhütten vor uns – Lucia Lodge, „Restaurant und Unterkunft“ heißt uns ein Schild davor willkommen. Es ist noch genau ein Zimmer frei. Genauer gesagt eine von zehn Hütten, die sich an das Kliff schmiegen. Mit Blick aufs Meer. Perfekt!

„295 Dollar, mit Steuer 325.“ Ich zücke meine Kreditkarte. „Das geht auf mich und auch das Abendessen. Ich bin schließlich die reiche Korrespondentin“, sage ich. „Haben Sie hier Internetempfang?“, frage ich, als ich den Schlüssel entgegennehme. Ich habe mit leichtem Schrecken bemerkt, dass mein Handy kein Signal empfängt. Susanne schaut mich strafend an. Die Frau an der Rezeption schüttelt den Kopf. „Stadtvolk! Kann einfach nicht abschalten.“ Die Lodge hat WiFi und ein Festnetztelefon im Restaurant erklärt sie mir.

„Vergiss mal die scheiß Arbeit und schau dir das an!" Susanne zieht mich nach draußen auf die Terrasse. Vor uns färben sich Meer und Himmel golden, rot und violett. Mit jeder Minute wird die Szene dramatischer. Ein Nebelband windet sich auf halber Höhe um die Küste. Der Duft von Salbei, Lavendel, Kräutern und Gras steigt intensiv in meine Nase. Susanne legt ihren Arm um meine Hüfte. So stehen wir, bis die Sonne im Meer versunken ist.

Unsere Hütte ist rustikal und gemütlich. Ein kleiner Ofen mit Feuerholz steht neben dem breiten Bett. Es gibt weder Fernseher noch Telefon. Eine Taschenlampe liegt auf dem Nachttisch. Mit ihr machen wir uns auf den Weg zum Restaurant. Nur ein weißer Lattenzaun trennt unseren Pfad von den Klippen. Der Mond scheint auf die Gischt des mächtigen Pazifiks. Ich stelle mir vor, wie Wale durch das dunkle, tiefe Wasser gleiten.

Ich checke, kaum dass wir sitzen, am Computer Mails und Nachrichtenseiten. In Kalifornien ist nichts Wichtiges passiert. „Siehst du: Die Welt dreht sich weiter, auch wenn du nicht ständig auf Abruf bist", frotzelt Susanne. Dann fragt sie nach Ben. „Das hier wäre die perfekte Hochzeits-Location." Ich huste. „Mir würde es schon reichen, endlich mit ihm zusammenzuleben." „Und?" „Nichts und. Was soll ich denn tun? Ihm ein Ultimatum setzen? Ich kann ihm ja nicht vorwerfen, dass er so viel arbeitet, wenn ich selber nicht mal einen Tag den Computer abschalten kann." „Was ist mit diesem Taco?" „Nacho", verbessere ich sie lachend und spüre wie meine Wangen rot werden. Ich habe ihr von meinem Hollywood-Freund erzählt. „Nichts. Der ist nur halb so groß wie ich und arbeitet auch andauernd. Wenn er nicht Mariachi-Lieder singt."

In Decken eingewickelt, sitzen wir später mit einer Flasche Rotwein vor unserer Hütte und saugen schweigend

Natur auf. Vereinzelt durchbrechen Scheinwerfer die Dunkelheit, verschwinden auf der kurvigen Straße und tauchen wieder auf. Es ist noch nicht mal zehn Uhr, als ich erschöpft ins Bett falle. Durch das Fenster sehe ich das Glimmen einer Zigarette, dann schlafe ich ein.

Erste Sonnenstrahlen fallen durch die hellen Vorhänge. Von Susanne sehe ich nur einen dunklen Haarstrubbel zwischen Kissen und Decke. Ich schnappe mir mein Laptop und gehe Richtung Restaurant. Der Pazifik ist an der Küste helltürkis und ruhig. Algen schwimmen auf der Oberfläche. Träge brechen sich Wellen am Kiesstrand mehrere hundert Meter unterhalb von mir.

„Guten Morgen!" Freundlich begrüßen mich Frühaufsteher am Frühstücksbüffet mit der besten Aussicht der Welt. Top Ten mindestens. Als ich die E-Mail-Box öffne, verschlucke ich fast meinen Milchkaffee. Drei Nachrichten aus einer Sportredaktion. Der Kollege schreibt, sie hätten versucht, mich telefonisch zu erreichen. Mist! Einer der Profi-Radler habe am Rande der Kalifornien-Tour gegen einen ehemaligen Kollegen ausgesagt, und die Sportwelt sei in Doping-Aufruhr. „Wir haben ein Gespräch mit Ihnen in unserer Abendsendung eingeplant." Mist! Mist! Mist! Ich renne zum Festnetz-Telefon, stecke meine Kreditkarte ein. In Deutschland ist es gleich 17 Uhr. Die E-Mails kamen vor zwei Stunden an. Ich werde ihm irgendwas von einer wichtigen Recherchereise mit unerwartetem Funkloch erzählen. Nach ewigem Klingeln geht endlich jemand ran. „Ach Frau Zilm, danke, dass Sie sich zurückmelden!" Der Kollege klingt völlig entspannt. Bevor ich zur Entschuldigungsarie ansetzen kann, erzählt er mir, dass sie mit einem Dopingexperten reden werden und mich nicht mehr brauchen. „Die Sendung geht in drei Minuten los, ich muss auflegen. Genießen Sie den Sonntag im Paradies!"

Ich bestelle zwei Cappuccinos und trage sie zu unserer Hütte. Susanne sitzt rauchend davor und schaut verschlafen in die Postkarten-Landschaft. Ich erzähle ihr vom Drama, das ich schon hinter mir habe. „Der hat ja wohl nicht alle Tassen im Schrank. Ruft dich Sonntagmorgens um sechs Uhr an?" Ich rechne nach. Sie hat recht. Als der Kollege die E-Mails geschrieben hat, war in Kalifornien noch nicht mal die Sonne aufgegangen. „Und dann schreibt er dir nicht, dass sie inzwischen jemand anderen gefunden haben?" „Vielleicht hat er ja angerufen", verteidige ich den Kollegen. „Der ist bestimmt allein in der Sonntagsschicht und könnte Hilfe brauchen." „Was der braucht, ist ein Satz hinter die Ohren!"

Beim Frühstück hält Susanne mir einen Vortrag über die Kunst, Nein zu sagen. Dann legen wir uns auf die Wiese, in den Ohren das sanfte Meeresrauschen, über uns der blaue Himmel. Wir haben die wandernden Grauwale auf ihrem Weg zurück in die Beringsee knapp verpasst, erklärt uns die Rezeptionistin beim Auschecken. „Zum Jahreswechsel bekommen sie ihre Babys im warmen Wasser vor Mexiko. Zusammen schwimmen sie zurück in den Norden. Über 20 000 Meilen hin und zurück." Ich schreibe die Geschichte auf eine Postkarte an Ben. „Ich kann's kaum erwarten, mit dir zum Whale-Watching zu gehen!"

Wir fahren gemütlich zurück nach Los Angeles. Den Sonnenuntergang genießen wir ein paar Meilen vor Malibu mit Fisch-Tacos und einem Bier im Biker-Imbiss „Neptun's Net". Vor uns in der Bucht fliegen Kite-Surfer in den Himmel.

Erschöpft, überglücklich und wehmütig sitzen wir am Abend nebeneinander auf dem Sofa. Susanne fliegt morgen zurück nach Deutschland. Davon haben wir beide auf dem ganzen Trip nicht gesprochen.

„Denk dran, auch mal Nein zu sagen. Du hast gesehen: Die Welt geht davon nicht unter!“ Ich nicke nur und drücke ihr einen feuchten Kuss auf die Wange.

Als ich wieder allein im Cabrio sitze, bin ich seltsamerweise voller Energie. Ich will Kalifornien entdecken. „For real!“, wie sie hier so schön sagen. Mir ist es ernst. Ich schaue auf meine To-do-and-to-see-Liste. Ergänze sie um Palm Springs, Salton Sea und Monterey. Es gibt noch sooo viel zu tun!

Juni

Ich lümmle vor dem Fernseher auf dem Sofa und rege mich über die hysterischen Weiber auf, die sich mit quietschenden Stimmen und Minibikinis für einen langweiligen „Bachelor“ zu Idiotinnen machen. Dummerweise habe ich die Serie vor drei Wochen zum ersten Mal eingeschaltet. Nun bin ich süchtig. Peinlich, aber wahr. Gerade ist mir meine Riesentüte M&Ms geplatzt, und die Schokolinsen schießen in alle Richtungen, da klingelt das Telefon.

„Hey Gorgeous!“ Ben! Fast drei Monate haben wir uns nicht gesehen. Er schreibt jede Woche mindestens einen Brief, aber wir telefonieren immer seltener. Ich habe darüber nachgedacht, ein Wochenende an die Ostküste zu fliegen, um das Thema endgültig zu klären. Hüh oder Hott. Dann hat Ben angekündigt, zu meinem Geburtstag nach Los Angeles zu kommen. Der ist in vierzehn Tagen. „Nimm dir nichts vor“, hat er gesagt. Vier Tage ist das her, und ich habe seitdem nichts mehr von ihm gehört.

Seine Stimme klingt seltsam. Müde. Angespannt. Mir sackt das Herz in die Hose. Er kommt nicht, denke ich. Nie mehr! „Kannst du mir einen Gefallen tun?“ „Na klar. Was gibt's?“ „Die Tankstelle da bei dir unten am Hügel, an der Kreuzung Sunset und PCH ...“ „Was ist mit der?“ „Kannst du bitte zu der runterkommen? Ich finde dich auf dem verdammten Hügel nicht.“ „Du bist da unten an der Tankstelle? Was machst du denn da? Ich hätte dich doch vom Flughafen abgeholt!“ „Ich bin mit dem Auto da. Ich hab dich gesucht. Ist ja keine Laterne irgendwo an dem blöden Hügel. Ich bieg immer falsch ab.“

Jetzt kreische ich. Lauter und hysterischer als alle Bachelor-Weiber zusammen. Ich springe durch die Wohnung, ziehe mir auf einem Bein hüpfend Schuhe an.

„Rühr dich nicht vom Fleck! Ich bin in fünf Minuten bei dir. Drei Minuten!" Ich rase aus dem Haus, Sweater überm Schlafanzug und schwarze Pumps. Egal! Wir sind in Kalifornien. Das fällt hier niemandem auf.

Mit dem Wagen rase ich die Kurven hinunter so schnell ich nur kann. Dann sehe ich ihn: bleiches Gesicht mit Dreitage-Stoppeln unterm Neonlicht, Kaffeeflecken auf dem zerknitterten weißen T-Shirt, die Haare in alle Richtungen stehend, an seinem goldenen Sportwagen lehnend mit einem Strauß roter Rosen in der Hand.

Ich parke und laufe auf ihn zu. Hach! Diese Kuhle unterm Ohr. Auf seinem Rücksitz sehe ich Kartons und Klamotten, einen Basketball und Lautsprecher einer Stereoanlage. „Heißt das ...?" Er nickt. „Du bist hier!" Ich schaue ihm in die Augen. Die leuchten. Er hält mir die Rosen entgegen. „Ich wollte dich überraschen, aber ich hab dein Haus nicht gefunden!"

„Du bist hier! Du bist umgezogen!" Ich kann es nicht fassen. „3000 Meilen in vier Tagen. Ich bin geflogen." lacht er. „Scheiß Texas! Das hört und hört nicht auf."

Auf dem Weg zum Haus habe ich die Scheinwerfer seines Sportwagens hinter mir immer im Blick. Mein Herz springt aus dem Brustkorb. Ich winke ihm vor jeder Kurve zu. Er parkt das Auto neben meinem in der Garage. Die Sporttasche über der Schulter und ein Kissen unterm Arm kommt er ins Haus.

„Und wann kommen deine Sachen?" Er schaut mich überrascht an. „Ist doch alles da." „Deine Möbel, deine Klamotten! Geschirr, Bettwäsche! Dein Zeug!" „Alles weggegeben." „Das ist alles, was du hast? Dein ganzes Hab und Gut

ist im Auto?" „Genau!" Er schmeißt die Tasche ins Schlafzimmer, das Kissen aufs Bett und stellt seinen Kulturbeutel ins Bad. „Hast du ein Bier?" Bevor ich antworten kann, drückt er mich, dass mir fast die Rippen brechen.

Ben macht sich schon am zweiten Tag auf die Suche nach einem Job. Er ist Berater für Brandschutzsysteme, erklärt Unternehmen, welche Sprinkleranlagen sie für neue Gebäude und Umbauten brauchen. Noch an der Ostküste hat er Adressen von potenziellen Arbeitgebern aufgeschrieben. Diese klappert er jetzt ab. Ich will ihn überreden, sich Zeit zu lassen, erstmal anzukommen, die freie Zeit zu genießen. „Ich verdiene genug Geld für uns zwei. Ehrlich! Du brauchst dir keinen Stress machen." Er schaut mich wortlos an und schüttelt den Kopf. „Ich muss arbeiten."

Ein wenig überrascht Ben, wie lange er zu seinen Bewerbungsgesprächen unterwegs ist. Viele der Firmen, die er ausgesucht hat, sind mehr als eine Stunde Fahrt entfernt. Starken Berufsverkehr ist er aus Washington gewöhnt, nicht aber die Staus, die zu jeder Tageszeit Freeways in und um Los Angeles in Parkplätze verwandeln. „Da sind ja überall fünf oder sechs Spuren! Und alle immer voll!"

Mehr als der Verkehr irritieren ihn die Kommunikationsgewohnheiten. „Hier sagt ja niemand, was er wirklich denkt", beschwert er sich an einem Abend. Anders als an der Ostküste seien alle immer furchtbar nett und hätten lauter Komplimente für seinen Lebenslauf, seine Erfahrung und seine Arbeitseinstellung. „Am Ende sagen sie aber nicht, ob sie mich brauchen können oder nicht, nur, dass sie sich bei mir melden werden." Ich verrate ihm nicht, dass in Hollywood die Redewendung „Rufen Sie uns nicht an, wir rufen Sie an" Code ist für: „Nein, danke! Wir brauchen Sie nicht."

Kaum ist Ben mit seinem goldenen Sportwagen zweimal die Straße hoch- und runtergefahren, steht Rose vor

der Tür, in der Hand eine Tüte mit Cookies und Sekt. „Ich muss doch unseren neuen Nachbarn willkommen heißen." Sie lädt uns zum Essen ein, und zwei Tage später stehen wir um sechs Uhr abends im Wohnzimmer von Rose und ihrem Mann.

John hat den Nacken glatt rasiert und den Rest des Haares superkurz geschoren. Das karierte Hemd steckt in robusten Jeans mit Bügelfalte und einem Gürtel mit faustgroßer silberner Schnalle. Auf dieser windet sich eine Schlange. Bisher habe ich ihm nur aus der Ferne zugewinkt, wenn er die Mülltonnen auf die Straße stellte, sein Auto in die Garage oder aus der Garage herausfuhr. Das Gleiche gilt für alle Nachbarn außer Rose. Ich sehe öfter Gärtner, Dog-Walker, Haus- und Kindermädchen als die Bewohner dieses Hügels selbst.

Das Wohnzimmer der beiden ist eine Mischung aus Siebzigerjahre-Möbeln und zusammengewürfeltem Schnickschnack. Familienfotos füllen alle Regale. Neben dem riesigen Eichenesstisch mit acht Stühlen steht eine abgewetzte Sitzkombination aus Cord. Über dem Kamin flackern Fox-News auf einem Mega-Flachbildschirm. Davor stehen zwei Ledersessel mit ausgezogener Fußablage und Rückenlehnen auf Schlafposition.

Zur Begrüßung gibt es Minikarotten, Cocktailtomaten und wässrige Selleriestücke mit Kräutersauce zum Tunken. Rose reicht uns Beck's Bier. Sie trägt heute einen violetten Kimono über schwarzen Leggings. „Eiswürfel irgendjemand?" Sie schaut zu Ben und blinzelt mir zu. „Ich weiß doch, dass ihr Europäer euer Bier lieber warm mögt." Bevor ich diesen Mythos aufklären kann, dirigiert sie uns zur Cordcouch und trägt die Vorspeisenplatte hinterher. Dann erzählt sie John von meiner interessanten Arbeit als Radiojournalistin, die Tag und Nacht an ihrer eigenen Show

arbeiten muss. „Nein, nein! Ich habe keine eigene Show“, widerspreche ich und versuche, das Konzept des deutschen öffentlich-rechtlichen Rundfunks und meine Rolle darin zu erklären. Roses Augen werden glasig. John holt sich ein zweites Bier und fragt Ben, welche Art von Job er sucht. Ich konzentriere mich wieder ganz auf die Möhren.

„Brandschutz wird immer gebraucht. Da findest du sicher sehr schnell einen Job.“ Ich wende ein, dass er sich doch eine kurze Auszeit gönnen könnte. „Ein Mann lässt es sich nicht gerne nehmen, für seine Frau zu sorgen“, beendet John das Thema. Ben prostet ihm mit der Bierflasche zu. „Willst du meine Waffensammlung sehen?“, fragt John. „Ich hab sie hinten in meinem Man Cave, 55-Zoll-Fernseher, rundum Stereo, Kinosessel.“ Die beiden stehen auf. „Männer!“, seufzt Rose. Sie holt aus dem Kühlschrank einen Teller mit vier Monsterscheiben Fleisch, vier Zentimeter dick, blutrot, teilweise über den Tellerrand hängend. „Wie magst du dein Steak?“ „Klein“, möchte ich sagen. „Medium-well! Richtig?“ Ich nicke. Sie fordert mich auf, ihr zu folgen. Im Flur höre ich Basketball-Geräusche. Rose reißt die Tür auf, hinter der der Fernseher läuft. „John, der Grill!“ Ich sehe einen offenen Glasschrank voller Gewehre, ein gerahmtes Foto von John und Rose mit Ronald Reagan und ein Hirschgeweih an der Wand. Dazwischen steht Ben mit einer Knarre in der Hand.

„Keine Angst!“ Rose scheint meine Gedanken zu lesen. „Die Waffen sind ohne Munition und kommen alle zurück in den Schrank. Der ist immer abgeschlossen. Darauf bestehe ich. Wir haben nur eine Pistole im Nachttisch.“ Da bin ich ja beruhigt.

Die Terrasse ist mit bunten Lichterketten geschmückt. Gelbe und rote Lampions hängen in Eukalyptusbäumen. Wasser plätschert über Granitfelsen in einen kleinen Pool.

An dessen Ufer stehen zwischen Lavendel und Rosmarin eine Marmorbank und ein kniehoher Stein-Buddha. „Das hat John für mich gebaut. Es ist meine Oase für Yoga und Meditation." Rose schaltet eine Hitzelampe ein. Die Männer kommen aus der Waffenkammer, und John öffnet den Gasgrill. Der glänzt blitzsauber und ist größer als mein Schreibtisch, hat sechs Brenner und Ablagen für Werkzeug, Zutaten und Geschirr.

„Gute Arbeit, John, exzellente Arbeit", lobt Ben den Koch. Er hat recht: Die Steaks schmecken fantastisch. Rose tischt dazu Riesenschüsseln Bohnen und Püree aus Süßkartoffeln auf und erzählt, wie sie das Haus in den Siebzigerjahren für 30 000 Dollar gekauft haben. „30 000! Jetzt ist es mehr als eine Million wert. Was sage ich, mehr als anderthalb wahrscheinlich. Und das, obwohl wir auf der falschen Seite der Straße wohnen – der Seite zum Berg, ohne Meerblick." Das Haus, in dem ich gerade wohne, ist also noch mehr wert. In Deutschland würde kein Mensch für eine sechzig Jahre alte Bude aus Holz und Stuck so viel Geld bezahlen. Da gibt's natürlich auch keinen Blick zum Pazifik.

John schwärmt jetzt von seiner Zeit bei der Marine. Er war bei Desert Storm im Einsatz, erzählt von Kameradschaft und Freundschaft. Inzwischen ist er in Rente und arbeitet ehrenamtlich auf einem Hof für im Stich gelassene Großtiere. „Alles von Pferden und Kühen bis zu Wildschweinen und Hirschen. Die Waffen kommen nur noch auf dem Schießstand zum Einsatz." Er wettert über immer schärfer werdende kalifornische Waffenkontrollen und darüber, dass die republikanische Partei seit Nixon und Reagan im Staat keine gescheiten Politiker mehr hervorgebracht habe. „Was ist mit Schwarzenegger?", frage ich. „Schwarzenegger? Das ist doch gar kein Republikaner! Der hat große Sprüche geklopft und hintenrum Klimaschutz-Unsinn ausgehandelt.

Und Zigarren mit den Kennedys und den Linken aus Hollywood geraucht." Rose legt ihm eine Hand auf die Schulter. „Keine Politik und keine Religion zum Abendessen." John lächelt und tätschelt liebevoll den Unterarm von Rose. Sie küsst ihn auf den Kopf und holt den Nachtisch. „Käsekuchen, deutsche Art!"

Ich verzichte darauf, zu erklären, dass ein gesamter deutscher Käsekuchen höchstens halb so viel wiegt wie das Stück, das vor mir auf dem Teller liegt. Stattdessen grüble ich, wie das alles zusammenpasst: Waffen und Yoga, Riesensteaks und Buddha, Kriegseinsatz und Tierheim, Rose und John. Ich will gerade fragen, wie sie sich kennengelernt haben, da verschwindet Rose wieder in der Küche und kommt mit zwei Tüten zurück. Diese stellt sie auf den Tisch. „Ich hab euch Bohnen und Kartoffelbrei eingepackt. Das könnt ihr euch morgen warm machen." Ich bin baff. Ist das ein Rausschmiss? Ben erhebt sich, und ich lege überrascht meine Serviette zur Seite. Durch die Dunkelheit laufen wir Arm in Arm mit unserem Proviant nach Hause. „Hab ich was Falsches gesagt?" Ben versteht die Frage nicht. „Na, die haben uns doch regelrecht auf die Straße geworfen." Er erklärt mir, dass das ganz normal sei. 22 Uhr – höchste Zeit, die Gastgeber allein zu lassen und nach Hause zu gehen.

Die Sitte des frühen Abschieds hat auch ihre guten Seiten. Ich muss keine Kriegsgeschichten mehr hören und kann mit Ben noch allein eine Flasche Rotwein trinken. „Hast du schon mal eine Waffe gehabt?", frage ich auf dem Sofa, an ihn gekuschelt. Ich bekomme das Bild von ihm mit dem Gewehr nicht aus dem Sinn. „Klar! Mein Onkel hat mir mein erstes Gewehr geschenkt, da war ich elf oder zwölf Jahre alt. Vorher hab ich mit geliehenen Waffen geschossen. Das erste Mal, glaube ich, als ich fünf Jahre alt

war. Erst haben wir auf Büchsen und Flaschen gezielt, später mit meinen Brüdern und Cousins auf Verkehrsschilder. Das war alles mitten auf dem Land." Er sagt das, als würde er von seinem ersten Fahrrad erzählen. „Als ich mein eigenes Gewehr hatte, sind wir zusammen auf die Jagd gegangen: mein Vater, mein Onkel, mein älterer Bruder und Cousins. Ich hab ein Reh vor die Flinte bekommen, und sie haben gesagt, ich soll schießen." Er schüttelt den Kopf. „Mir hat das keinen Spaß gemacht. Das Reh kann sich nicht wehren. Und was soll ich mit einem toten Reh? Ich hab nicht geschossen. Sie haben gelacht. Ich bin nie wieder auf die Jagd gegangen." „Und jetzt? Würdest du jetzt schießen? Ein Gewehr oder eine Pistole kaufen?" Er zieht mich in seine Arme. „Ich hab schon ewig keine Waffe mehr in der Hand gehabt. Ich bin zu alt für diesen Unsinn!" Da fällt mir doch ein Stein vom Herzen.

Am nächsten Abend kommt Ben mit einer aufregenden Nachricht nach Hause: Er hat einen Job. In Anaheim, nur ein paar Straßenblocks entfernt von Disneyland. Die Firma sei solide und die Bezahlung gut. Er kann sofort anfangen. Von den Pacific Palisades nach Anaheim fährt er eine gute Stunde. Das wird eine irre Pendelei. „Kein Problem. Ich steh um halb sechs auf. Dann lande ich nicht im schlimmen Frühverkehr." Ich hatte mir ein Leben mit gemeinsamem Frühstück und Nachmittagsspaziergängen am Strand vorgestellt. Unser Alltag wird anders aussehen.

„Ich hab eine Überraschung für dich!", sagt er, als wir mit Rotwein auf seinen Erfolg und unser neues, gemeinsames Leben anstoßen. Er hält mir einen Umschlag entgegen. Zwei Tickets zum Whale-Watching an meinem Geburtstag. Los geht's um acht Uhr morgens im Hafen von Ventura, etwa achtzig Kilometer nördlich von unserem Haus. Auf dem Infoblatt steht, dass wir genug Wasser, Sonnen-

schutz, einen Hut und Essen mitnehmen und festes Schuhwerk tragen sollen. Er erklärt mir, dass wir nicht nur Boot fahren, sondern auch wandern werden. „Santa Cruz Island, die größte Insel Kaliforniens, Teil der Channel Islands. Dort haben tausende Jahre lang Chumash-Indianer gewohnt, bevor spanische Missionare und europäische Siedler mit Schiffen landeten und Perlenketten gegen Fische tauschten", liest er vor.

Von der eher traurigen Seite der Siedlungs- und Missionierungsgeschichte in Kalifornien steht auf dem Faltblatt nichts. Die erobernden Europäer haben die Chumash mit Krankheiten angesteckt, sie von den Inseln gelockt, für den Bau von Missionen ausgenutzt, zum Christentum bekehrt und dann die Inseln für ihre eigenen Zwecke bewirtschaftet. Selbst wenn sie gute Absichten gehabt haben sollten – die Konsequenzen der Kolonialisierung für die Indianer waren verheerend.

Ich schaue überrascht auf die Tickets. „Du gehst doch aber gar nicht gerne wandern." „Aber du", sagt er nur.

Es ist feucht, neblig und kühl, als wir an meinem Geburtstag auf den PCH Richtung Norden abbiegen. Ich habe mein Telefon auf das Studio in Washington umgelegt. Der Chefredakteur hat das sofort genehmigt. Cappuccino dampft aus Pappbechern in der Armlehne. Ben sitzt am Steuer. Ich füttere ihn mit Breakfast-Coffee-Crumb-Cake, Karamellkuchen mit knusprigen Streuseln, zeige aufgeregt auf Delfine in der Brandung, Sonnenstrahlen, die durch den Nebel leuchten, und Silberstreifen am Horizont.

Wir quatschen und staunen ein bisschen zu viel, verpassen eine wichtige Abfahrt, rasen fünf Minuten vor dem Loslegen auf den Hafenparkplatz und fallen atemlos auf eine Bank im hinteren Teil des Wal-Beobachtungs-Boots. „Es gibt immer ein paar, die zu spät kommen", unterbricht

die Naturschützerin, die diesen Ausflug begleitet, ihre Einführung. „Sie hat Geburtstag“, antwortet Ben, und bevor ich es mir bequem gemacht habe, singt das gesamte Boot für mich „Happy Birthday“.

Wir tuckern aus dem Hafen, vorbei an Segelschiffen und Jachten. Pelikane säubern auf Holzpfosten balancierend ihre Federn. Seehunde drängeln sich auf wankenden Bojen um Plätze. Viele unserer Mitreisenden haben Ferngläser um den Hals hängen und wasserdichte Anoraks an. Drei Mädchen in kurzen Röcken, Flipflops und bauchfreien T-Shirts verschwinden im Innern des Boots. Ich genieße den Wind, die frische Luft und den Blick zurück ans immer weiter entfernte Ufer. Zwei Delfine begleiten uns in der Bugwelle. Ich könnte schwören, sie schauen direkt in meine Augen und lächeln mir zu. Irgendwann biegen sie ab, sind nicht mehr zu sehen. Vor uns werden die Inseln deutlicher.

Die Stimme der Naturschützerin übertönt Motor und Passagiere. Sie erzählt von der Reise der Grauwale durch den Santa-Barbara-Kanal, den wir gerade durchqueren. „Früher waren sie um diese Jahreszeit schon längst weiter im Norden, aber der Klimawandel verändert ihre Gewohnheiten.“ Wir lernen, dass die Walmütter, die mit ihren Kälbern aus der warmen Bucht von Mexiko zurück in den Norden schwimmen, unterwegs selbst fast nichts essen und den Nachwuchs mit ihrer Milch füttern. Knapp fünfzig Gallonen Milch trinkt jedes Walbaby. Jeden Tag! 200 Liter am Tag!! Die Milch ist superfett. 53 Prozent Fett. Muttermilch von Menschen hat etwa vier Prozent. Auch andere Wale ziehen durch den Kanal: Buckelwale und die bis zu dreißig Meter langen Blauwale, manchmal auch Orcas, Killerwale. „Blauwale und Buckelwale waren hier mal eine Seltenheit“, erklärt die Expertin. „Seit das Wasser wärmer ist, tauchen

sie öfter vor Kalifornien auf und bleiben länger. Das ganze Ökosystem ist im Umbruch. Delfine, Seelöwen und Seehunde zusammengezählt, gibt es in diesem Küstenabschnitt mehr Meeressäugetiere als irgendwo sonst auf der Welt. Die Channel Islands heißen auch nordamerikanische Galapagos, weil auf ihnen und um sie herum über 150 Lebewesen zu entdecken sind, die es sonst nirgendwo auf der Erde gibt."

Plötzlich stottert der Motor. Das Boot hat kein technisches Problem. Der Kapitän hat Walspuren auf dem Wasser gesehen. „Alle Augen auf! In alle Richtungen! Ferngläser raus!", ruft er uns durchs Megafon zu. „Ihr könntet eine Schwanzflosse sehen – eine Fluke. Vielleicht seht ihr auch einen Wal, der senkrecht aus dem Wasser steigt, oder eine Wasserfontäne, die aus dem Blasloch kommt." Wir stehen jetzt alle kerzengerade und suchen den Horizont nach ungewöhnlicher Bewegung ab. Geräuschlos schaukelt unser Boot in den Wellen. „Da! Da! Da!", ruft plötzlich eine Frau in roter Daunenjacke neben mir. Ich folge ihrem Zeigefinger. Ich sehe nichts. „Ja! Ja! Ja!", rufen andere. Unser Boot hat leicht Schlagseite, weil alle zu uns stürmen. Der Kapitän lässt den Motor an und tuckert vorwärts. Dann hält er wieder an. Ich suche Horizont und Wasser nach ungewöhnlichen Lebenszeichen ab – nichts! Dann schnappen mehrere Leute an Bord gleichzeitig nach Luft, Ben packt meinen Arm und zeigt zum Wasser auf der anderen Seite. „Wir haben einen Buckelwal, vielleicht sogar zwei", sagt der Kapitän. Angestrengt schaue ich – und sehe noch immer nichts! „Es kann ein paar Minuten dauern, bis er wieder an die Oberfläche kommt. Er ist ganz nah. Er ist neugierig." Und dann teilt sich das Wasser hinter unserem Boot. Ein breiter grauer Rücken erscheint und verschwindet wieder. Nur wenige Sekunden später erleben wir dasselbe Schau-

spiel mit einem kleineren Rücken. Eine Mutter mit ihrem Kind. Mein Herz schlägt schneller. Ich stelle mir vor, dass die beiden unter unserem Boot durchziehen und sich überlegen, ob sie uns mit einem kleinen Stoß überraschen sollen. Minutenlang passiert gar nichts. Kapitän und Naturschützerin fordern zur Geduld auf. Mir wird schon etwas langweilig, da sehe ich die Fontäne. Etwa fünfzig Meter entfernt von uns. Mit mir juchzen noch andere. Der riesige graue Rücken verschwindet, dann erscheint die Fluke, biegt sich und kracht auf die Wasseroberfläche. Kreischen, Kameraklicken, Johlen und Pfeifen auf dem Boot. Ich lasse mein Handy in der Tasche, will das Schauspiel lieber direkt sehen als durch die Kameralinse. Ben versucht, die Szene mit seinem Smartphone einzufangen. „Ich glaub, ich hab's! Ich hab's! Ich hab's! Mit Fluke!“, jubelt er. Die Wale bleiben in unserer Nähe. Einmal steigt Mutter Wal neben dem Boot senkrecht mehrere Meter aus dem Wasser auf. In ihr Maul würden locker drei Menschen passen, doch sie spuckt nur Wassermassen aus. „Sie siebt das Wasser“, erklärt die Naturschützerin. „Statt Zähnen hat sie eine Art Kamm, riesig groß, die sogenannten Barten. In ihnen bleiben Algen und Krill, also kleine Krebstiere hängen.“ Der Kapitän drückt aufs Gas. Wir lassen die beiden zurück, fahren jetzt mit Volldampf auf die Inseln zu.

Mit einer Handvoll anderer Passagiere steigen wir aus dem Boot. Ein Pärchen wandert zielstrebig los. Eine Familie hat Zelte, Kanus und Schnorchelausrüstung mitgebracht. Gute Idee! Hier gibt es einen Campingplatz und wunderbare Höhlen, die nur vom Wasser aus erreichbar sind. Der Pazifik ist so klar, dass man nicht nur Seehunde und Algen, sondern beim Tauchen auch exotische Fische sehen kann. Wir haben uns für den leichten Wanderweg nach Potato Harbor entschieden. Die Website verspricht eine

„prächtige Aussicht zur kalifornischen Küste, spektakuläre Meersicht und je nach Saison Walsichtungen". Erstmal geht es langsam, aber stetig bergauf. Der Weg wird schmaler, ist aber gut ausgetreten und auch mit Turnschuhen superleicht zu bewältigen. Ab und zu riecht es nach Stinktier. „Ich war's nicht", ruft Ben, wenn uns mal wieder eine Schwade erwischt.

Nach einer halben Stunde sind wir auf einer Hochebene. Vor uns liegen grüne Hügelketten mit bis zu 700 Meter hohen Gipfeln. Der Blick zurück in die Kiesbucht unseres Ankerplatzes ist atemberaubend: türkisfarbener, glitzernder Pazifik, Segelboote, Kanus, wolkenloser Himmel. Irgendwann sehen wir nur noch Wiesen und Felder. Nach einer Wegbiegung kommt wieder das Meer in unseren Blick, dann auch die anderen Inseln, weiße Felsen, Pelikane, Möwen und Buchten. Es ist, als wären wir die einzigen Menschen auf der Insel. Wir packen unsere Picknickdecke aus. Ben hat fürs perfekte Geburtstagsmahl eingekauft: Salami, Käse, Baguette, Äpfel, Salzstangen und eine kleine Flasche Rotwein. Als wir uns setzen, sehen wir aus der Ferne Fontänen überm Meer. Wale! Wir kauen und schauen übers Wasser, trinken und schauen weiter, küssen uns und schauen und schauen und schauen, bis wir müde auf unsere Decke sinken. Ich lege meinen Kopf auf die Brust von Ben, er legt den Arm um mich, und wir gönnen uns ein Nickerchen. Ab und zu blinzle ich zum Himmel und sehe riesige Vögel über uns kreisen. Dünne Wolkenbänder entstehen und verdunsten. Am liebsten würden wir nach der Mittagsstunde in einer der sonnigen Buchten baden. Aber es ist Zeit, zurück zum Ankerplatz zu gehen. Um 16 Uhr holt uns das Boot wieder ab.

Die Stimmung auf dem Boot ist bei der Rückfahrt noch ausgelassener, als auf dem Weg zur Insel. Mit rosigen

Wangen und roten Nasen sitzen wir eng beieinander und tauschen Abenteuergeschichten aus. Ben holt zwei Becher heiße Schokolade von der kleinen Bar in der Kajüte. Der Kapitän drückt aufs Tempo. Ich halte die Nase in den Fahrtwind. Hinter uns geht die Sonne unter. Vor uns sehe ich dicht über dem Wasser einen Schwarm von Möwen. Dazwischen stürzen sich Pelikane aus der Höhe, Kopf voraus, in die Tiefe. Ich kann nicht sehen, wo der Vogelschwarm anfängt und aufhört. Alle an Bord sind von dem Schauspiel fasziniert. Und dann wird's magisch. Plötzlich sind wir von einer riesigen Schule Delfine umgeben. Sie rasen, springen und schwimmen mit den Wellen neben uns her und um uns herum. Delfine, so weit ich schauen kann. Sie sind zum Anfassen nah. Ich halte meine Hand ins Wasser – tatsächlich! Ich berühre die glatte Haut! Wieder schauen sie mir direkt in die Augen, als würden sie lächeln, als wäre das ein Spiel, das ihnen genauso viel Spaß macht wie uns an Bord. Ich blicke hoch zu Ben. Hinter ihm ist der Himmel von der untergehenden Sonne orange-rot-gold gefärbt. Ich weiß gar nicht, wohin ich zuerst schauen soll – zum Horizont, ins Wasser, zur Küste oder zu ihm. Er sieht selbst ganz verklärt aus. Mir steigen Tränen in die Augen. Gleichzeitig grinse ich von einem Ohr zum anderen. Erst kurz vor dem Hafen verabschieden sich Delfine und kreischende Möwen. Es wird unwirklich ruhig, nur das Klatschen des Schiffs auf den Wellen ist zu hören.

Zwei Tage später beginnt unser kalifornischer Alltag. Der Wecker klingelt um viertel nach fünf. Ben steht auf, umarmt mich und fährt zur Arbeit. Meine Tage sind wieder so, wie vor seiner Ankunft: aufstehen um kurz nach sechs, Kaffee machen, Nachrichten und E-Mails checken, Telefonate mit Redaktionen in Deutschland. Um acht kommt Nina, ich gehe auf Termine oder arbeite im Studio, ab drei bin

ich wieder alleine und arbeite weiter, bis ich alle Aufträge erledigt habe. Ben ruft auf dem Weg von der Arbeit immer an und fragt, was er zum Abendessen mitbringen kann. Das ist ziemlich großartig, wenn auch nicht gut für die schlanke Linie. Es gibt jetzt öfter Eiscreme und Schoko-Cookies. Wir haben auch einen Grill. Der ist nicht halb so riesig wie der von Nachbar John, aber immer noch viermal so groß wie das Holzkohlegerät, das in Berlin auf meinem Balkon stand. Ben ist – wie John – ein Grillmeister: Huhn, Lachs, Burger und Steak kommen jetzt regelmäßig auf den Tisch.

Aus den Stimmen meiner Eltern am Telefon höre ich Erleichterung und Unruhe zugleich. Sie sind erleichtert darüber, dass ich nicht mehr im Haus alleine bin, dass Ben mit mir Alltag, Freuden und Frust teilt. Beunruhigt sind sie darüber, dass meine Wurzeln in den USA tiefer werden. Zum Geburtstag haben sie mir eine Kuckucksuhr geschickt. „Hast du manchmal Sehnsucht nach Deutschland?", fragt meine Mutter am Telefon. Es klingt nicht so beiläufig, wie sie wahrscheinlich möchte. „Nach euch habe ich Sehnsucht", sage ich ehrlich. „Nach der ganzen Familie. Und nach Susanne. Nach Biergärten und Straßencafés. Nach Deutschland allgemein eher nicht." „Na, ich bin ja froh, dass ihr so gut zurechtkommt. Passt mal weiter gut auf euch auf", verabschiedet sie sich.

Wir passen sehr gut aufeinander auf. Besonders Ben auf mich. Vor dem Schlafengehen macht er einen Rundgang durchs Haus und schaltet das Licht über der Eingangstür ein. „Das ist doch reine Energieverschwendung", habe ich beim ersten Mal protestiert. „Ist aber unwahrscheinlicher, dass jemand einbricht, wenn über ihm 'ne Lampe brennt", hat er widersprochen. Ben will auch nicht die Terrassentür nachts offen lassen und öffnet stattdessen das Fenster

einen Spalt. Hat er die Türen abgeschlossen, bleibt er wach liegen, bis er alle Geräusche im und ums Haus identifiziert hat.

„Das ist doch eine sehr gediegene Gegend mit lauter freundlichen, entspannten Leuten", versuche ich Ben locker zu machen. „Das sagen sie hinterher immer: Unser Nachbar war immer so freundlich", antwortet er darauf lakonisch. „Er hat seinen Rasen so schön gepflegt. Er hat uns immer zugewinkt und guten Tag gesagt! Wer hätte gedacht, dass er jemanden kaltblütig umbringen kann?!"

„Nicht in den Pacific Palisades!" „Wen kennst du denn hier?" „Na, Rose und John." „Und hättest du gedacht, dass diese neugierige Hippie-Mutti mit einer Pistole im Nachttisch schläft?" „Nicht wirklich." „Siehst du! Gute Nacht!"

Juli

Ich checke deutlich weniger die Nachrichten, seit Ben bei mir ist. Bisher habe ich nichts Wesentliches verpasst. Susanne hat's gewusst: Die Welt dreht sich weiter.

Vor allem am Wochenende lasse ich es ruhiger angehen. Ben macht samstags und sonntags Cappuccinos für das lange Frühstück auf der Terrasse. Es ist fast beängstigend, wie wohl wir uns miteinander fühlen. Er scheint sich nie Fragen zu stellen, ob es richtig war, nach Kalifornien zu kommen, was er aufgegeben hat, welche Kompromisse er eingehen muss, was nach dem Ende meines Korrespondentenvertrags passiert. „Wir sind zusammen. Alles andere ist unwichtig, und wir planen weiter, wenn es soweit ist", sagt er und nimmt sich den Sportteil der „Los Angeles Times".

„Wo schauen wir das Feuerwerk an?", fragt er mich. Richtig! 4. Juli, Unabhängigkeitstag, Feuerwerk! Seit Wochen schiebe ich meinen Einkaufswagen im Supermarkt und der Drogerie vorbei an Lawinen von „Red, White and Blue". Rot-weiß-blaue Servietten, Fahnen, Plastikbecher, Picknickdecken, Handtücher, Pappteller und Tischdecken, patriotische Sonnenbrillen, T-Shirts, Haarreifen, Make-up und Nagellack. Sogar Marshmallows, Schokolinsen, Kuchen und Kekse gibt es in Nationalfarben.

Nina hat uns für den Nachmittag zum Grillen eingeladen. Zu ihrer Wohnung gehört ein kleiner Garten. „Es kommen ein, zwei Freunde von mir und ein paar von Mirco." Mirco ist Ninas neuer Freund, von Beruf Bartender-Schauspieler. Mir scheint, davon gibt es in dieser Stadt etwa zehn Millionen. Nina sagt, er sei etwas ganz Besonderes. „One in

a Million!“ Er ist bei ihr eingezogen. Sie zahlt nicht nur die komplette Miete, sondern auch alle Rechnungen. „Sonst kann er seinen Hollywoodtraum nicht verwirklichen. Es ist eine gute Investition in unsere Zukunft“, antwortet sie auf meinen skeptischen Blick. Mirco schreibt Nina Nachrichten auf bunte Zettel und steckt sie in die Proviantdose, die er jeden Morgen für sie zubereitet. Sie hat mir ein paar der Post-it-Nachrichten mit Fettflecken von Avocados, Grünkohl, Fetakäse und Olivenöl gezeigt: „Verliere nie deine Leidenschaft!“ „Dieser Moment ist der Anfang aller deiner Wünsche!“ „Mach’ dir keinen Stress wegen der Vergangenheit oder Zukunft. Lebe in der Gegenwart und mach’ sie wunderbar!“ Ninas Augen glänzen, und ihre Wangen sind rosig, als sie die Post-it-Notes wieder einsteckt. Ich würde gerne sagen, dass der einzige, der sich hier keinen Stress macht und seinen Leidenschaften hingibt, Mirco ist. Aber ich weiß aus eigener Erfahrung, wie sinnlos so eine Bemerkung ist. „Das ist ja nett!“, sage ich deshalb und nehme die Einladung zum Grillen an.

Für meinen ersten 4. Juli in den USA kaufe ich ein T-Shirt mit verwaschener Nationalflagge drauf, binde mir ein rot-weiß-blaues Halstuch um den Kopf und lackiere mir die Zehennägel in Nationalfarben. Wir bringen deutsches Bier, Bratwürste und Kartoffelsalat mit. Im Garten drängeln sich, als wir ankommen, schon mindestens ein Dutzend Leute. Rot-weiß-blaue Girlanden hängen zwischen Eukalyptusbaum und Eingangstür. Nina schwirrt barfuß im blaurosa Batik-Hängekleid durch die Menge. Von einem Haarreif wippen an Spiralen blaue, rote und weiße Sterne vor ihren Augen. Über allem schweben Reggae-Rhythmus und eine Marihuanawolke.

Wir bringen Bier, Würste und Salat in die Wohnung. Diese besteht aus Küche, einem Mini-Badezimmer sowie

einem Schlafzimmer, das neben dem Doppelbett nur Platz für einen Nachttisch übrig lässt. Nina zahlt für die fünfzig Quadratmeter 2000 Dollar, mehr als die Hälfte von dem, was sie bei mir verdient. „Location, location, location!" Von hier sind es nur fünf Minuten bis zum Meer. Ihr Surfbrett lehnt am Sofa. Auf ihm liegt ein Pärchen und kifft. „Das ist meine Chefin Kerstin und ihr Freund Ben", stellt uns Nina vor. „Und das sind meine Nachbarn, Stine und Norm." Die beiden halten uns ihren Joint entgegen. Ich lehne ab. „Vielleicht später", sagt Ben und fragt nach dem Grill.

„Ich habe leider keine Ahnung, wie er funktioniert." Nina zeigt auf einen kleinen runden Bratrost, auf den fünf Hamburger-Klopse passen, wenn man sie perfekt platzsparend anordnet. „Mirco hat gesagt, er macht ihn an, aber er musste noch Cupcakes holen. Ich liebe Cupcakes!", zwitschert sie, deutlich beschwipst, und fällt Ben um den Hals, als er fragt, ob er sich um den Grill kümmern kann. Ich weiß: Er ist froh, dass er was zu tun hat und sich nicht an Gesprächen über „Was machst du?" und „Wo wohnst du?" beteiligen muss. Das sind in Los Angeles höchst wichtige Fragen, aus deren Antworten seltsame Schlüsse gezogen werden. Hat man etwas mit der „Industry", also dem Filmgeschäft zu tun, ist man interessant. Bens Antwort, dass er für eine Brandschutzfirma arbeitet, führt in der Regel zu Gesprächen über Waldbrände. Damit hat er allerdings überhaupt nichts zu tun. Spätestens wenn mein Freund erzählt, dass kalifornische Sprinklerfirmen andere Rohre verwenden als die frostsicheren, die an der Ostküste üblich sind, wendet sich sein Gegenüber der nächsten Person zu. „Und was machst du?"

Ich bin in meiner Rolle als deutsche Radiofrau aus Berlin leicht exotisch und irgendwie faszinierend. Alle LIEBEN Berlin! Auch die, die noch nie da gewesen sind. Dass ich

keine eigene Show habe, ist ein Minus auf der Small-Talk-Werte-Skala, genauso wie die Tatsache, dass ich nur auf Deutsch zu hören bin. Unsere Adresse in den Pacific Palisades ist ein absolutes Small-Talk-Plus. Die Gegend ist zwar nicht so hip wie East-LA, Echo Park oder Silver Lake, aber Gesprächspartner schließen messerscharf: Wir haben reichlich Geld und gehen mit Promis frühstücken, meditieren, surfen, Golf und Tennis spielen. Ich habe gelernt, diesem schwachsinnigen Trugschluss nicht zu widersprechen.

Aus dem Augenwinkel sehe ich Ben mit einem Bier in der Hand Würstchen auf den Grill legen. Neben ihm steht Nachbar Norm. Diesmal lehnt Ben den Joint nicht ab, sondern nimmt einen kräftigen Zug und bläst den Rauch mit blinzelnden Augen in den Himmel. Ich habe in meinem ganzen Leben noch nicht gekifft. Als Teenager hätte ich viel dafür gegeben, mit der coolen Clique im Park Joints zu rauchen und danach statt im Klassenzimmer bei heißer Schokolade und Butterbrezeln im Café zu sitzen. Stattdessen habe ich nach der Schule total uncool ABBA-Texte auswendiggelernt und übersetzt.

Ich muss lange zum Grill gestarrt haben. Ben bemerkt meinen Blick und hält mir den Joint entgegen. Ich winke ab. „Ist das nicht illegal?", frage ich Nina. Die schüttelt lachend den Kopf. „Wir haben alle ein Rezept vom Arzt. Medizinisches Marihuana, für Rückenschmerzen, Migräne, Depressionen. Ich für meine Aufmerksamkeitsstörungen. Draußen rauchen ist eigentlich nicht legal, aber wir sind ja zum Glück in Venice Beach." Die Rauchschwade aus dem Garten macht bestimmt die ganze Nachbarschaft zu Passiv-Kiffern. Für mich riecht es nach Stinktier. Mein Magen beginnt zu grummeln.

„Wo ist denn hier das Feuerwerk?" Nina zeigt nach oben. „Wir steigen nachher aufs Dach." Ich schaue am Haus

hoch: Risse in der Mauer, abblätternder Putz, morsche Holzbalken. Hier werde ich auf kein Dach steigen. Aber das Feuerwerk ist der wichtigste Teil des ganzen Tages. Vor ein paar Wochen hieß es noch, in Los Angeles müsse es wegen der Dürre ausfallen. Jetzt ist aber doch alles genehmigt, und ich werde es nicht verpassen.

Ben trägt inzwischen eine gelbe Spongebob-Schürze und ist ganz in seinem Element. Er wendet Hühnerbrüste, Steaks und Würstchen, fragt nach Extrawünschen, erfüllt sie und trällert dabei zum Jack-Johnson-Song, der aus den Lautsprechern klingt. „Einen Hot Dog, bitte", bestelle ich. „Und dann möchte ich gehen. Hier gibt's kein Feuerwerk." „Ketchup, Relish, Senf?" „Alles, bitte." Ich beiße in das weiche Brötchen und bekleckere mein amerikanisches Fahnen-T-Shirt mit sämtlichen Zutaten. Ben küsst mir Senf aus dem Mundwinkel. „Wir können jederzeit gehen", sagt er. „Und deine Grillpflichten?" „Die kann der Cupcake-Meister übernehmen!" Er zeigt mit der Grillzange auf einen schlaksigen Fast-Zwei-Meter-Mann mit dunklen Locken, beigefarbenen Cordhosen und Superman-T-Shirt. Er füttert Nina mit Gebäck. Das ist also Mirco. Er sieht eigentlich ganz sympathisch aus. Ben übergibt Schürze und Grillbesteck, wir verabschieden uns, und sobald wir die Kiff-Dunstglocke verlassen haben, atme ich erstmal tief durch.

„Vielleicht probiere ich es nächstes Mal auch", sage ich. Ben zieht fragend die Augenbrauen hoch. „Kiffen. Muss mich schließlich auch irgendwann mal richtig entspannen. Erstmal brauche ich aber 'nen kräftigen Kaffee." Die Barista im Café sagt uns, dass wir im Hafen die beste Aussicht auf die Show haben werden. Unterwegs sehen wir Decken schleppende Familien und Männer, die schrankkoffergroße Kühlboxen hinter sich herziehen. Wir schließen uns der Massenwanderung an. Sie führt zu einem Park am Wasser.

An einem Latino-Imbiss auf Rädern decken wir uns mit Obst, Wasser und Chips ein. Wir finden gerade noch einen Platz auf der Wiese und lassen uns auf unseren Handtüchern nieder. Um uns herum kämpfen Kinder mit surrenden Neon-Star-Wars-Schwertern. Eine Familie besteht darauf, frittierte Hühnerteile aus einem eimergroßen Pappbecher mit uns zu teilen. Aus einem Radio klingt Cumbia-Musik. Herrlich!

Kurz vor acht Uhr fahren mit Lichterketten geschmückte Boote an uns vorbei durch die Abenddämmerung aufs Meer. Ob Ruderboot oder Vergnügungsdampfer – alle werden mit riesigem Applaus bedacht. Dann schallt klassische Musik durch den Park. In den Bäumen hängen Lautsprecher. Und das Feuerwerk geht los! Bumm, Bumm, Bumm! Rot, weiß und blau, dann grün und lila und pink und alles durcheinander in Explosionen über dem Pazifik. Plötzlich stehen alle Menschen um mich herum, inklusive Ben, kerzengerade und legen die rechte Hand aufs Herz – die ersten Töne der Nationalhymne erklingen. Der Pyrotechnikmeister zeigt jetzt alles, was er drauf hat. Im großen Finale leuchtet der ganze Himmel. Dann ist es unwirklich still. Ich habe mich die ganze Zeit an Ben gelehnt. Jetzt drehe ich mich um. Er wiegt seinen Kopf hin und her. „Was ist los?" „Na ja, das war ja ganz ordentlich, aber das Feuerwerk in Washington ist größer." „Das ist ja auch die Hauptstadt! Miesmachen gilt nicht. Ich bin jedenfalls sehr glücklich." Er legt seinen Arm um mich. Wir reihen uns wieder ein in die Menschenmassen auf dem Weg zurück zum Parkplatz. Es geht langsam voran, ganz ohne Drängeln, Schubsen und Fluchen. Ich schaue in die Gesichter, die mich umgeben, und sehe jedes Alter und jede Hautfarbe, Familien, Paare, Singles und große Gruppen. Rodney Kings Spruch fällt mir ein. Während der Rassenunruhen von Los Angeles Anfang

der Neunzigerjahre hat er vor laufender Kamera gefragt: „Can't we all just get along?" „Können wir uns nicht alle vertragen?" Hier, im Hafen, scheint das gerade möglich.

Ich denke an Rodney King, weil ich in ein paar Tagen einen Termin bei der Polizei von South Los Angeles habe, fast genau dort, wo diese Unruhen damals ausgebrochen sind. South Los Angeles hieß früher South Central und hat bis heute einen schlechten Ruf: Kriminalität, Ganggewalt, Polizeibrutalität. Der Stadtrat hat vor Kurzem die Umbenennung beschlossen – in der Hoffnung, das Image des Stadtteils zu verbessern. Als könnte eine frische Verpackung Narben und andere schmerzhaften Spuren der Vergangenheit heilen. Dazu gehören nun einmal die Unruhen von 1992 und die Geschichte von Rodney King. Im März 1991 wurde er nach einer Verfolgungsjagd mit mehreren Streifenwagen von Polizisten vor laufender Amateurkamera so brutal zusammengeschlagen, dass die Beamten vor Gericht gestellt wurden. Die Polizisten waren weiß, das Opfer schwarz. Ein Jahr später sprach eine Jury die angeklagten Polizisten frei. Es gab Rassenunruhen und Plünderungen. Schießereien und Feuer brachen aus. Die Bilanz nach vier Tagen: 55 Tote, 2000 Verletzte, 7000 Verhaftungen, 4000 abgebrannte Gebäude und über eine Milliarde Dollar Schaden.

Mein Polizeitermin hat mit dieser Vergangenheit nicht direkt zu tun. Ich will einfach eine Geschichte über das Los Angeles Police Department (LAPD) machen, immerhin das drittgrößte in den USA. Zu meinen Recherchen gehörte auch der Hubschrauberflug mit Susanne über die Stadt. Heute werde ich einen Abend im Streifenwagen verbringen und die Polizisten in einem „ride along" begleiten. Abgemacht ist: Ich darf alles aufnehmen, was ich sehe und erlebe. Ben ist von der Vorstellung nicht so begeistert wie ich.

„Sei vorsichtig nicht nur mit potenziellen Gangstern, sondern auch mit den Polizisten!" „Was meinst du denn damit?" „Du sitzt hier schneller hinter Gittern, als du denkst. Dich können sie auch gleich aus dem Land rausschmeißen." Ich versichere ihm, dass ich schon nichts Falsches sagen und auch nichts Idiotisches tun werde.

Es ist dunkel, als ich bei der Station ankomme. Ich bin nicht die einzige Journalistin, die an diesem Abend die Polizisten begleitet. Neben mir sitzt eine junge afroamerikanische Frau. Teresa vertritt eine Online-Publikation aus Watts, einem anderen sogenannten Problemviertel direkt neben South Los Angeles. Wir werden in unterschiedlichen Streifenwagen unterwegs sein. Routiniert gibt uns der „Presseoffizier" eine kurze Einführung. „Was passieren wird, ist nicht vorherzusagen. Autokontrollen, nachbarliche Auseinandersetzungen, Schießereien – alles ist möglich. Halten Sie sich immer an die Anweisungen der Polizisten in Ihrer Streife. Bleiben Sie auf Ihrem Platz auf dem Rücksitz. Verlassen Sie das Auto nur, wenn sie ausdrücklich dazu aufgefordert werden." Ich schaue auf mein Aufnahmegerät – alles aufgezeichnet! Diese Warnung macht sich später gut in der Radiogeschichte.

Wir werden den Polizisten vorgestellt, die uns die nächsten Stunden unter ihre Fittiche nehmen – athletische Männer mit kräftigem Handschlag und freundlichem Blick. Dann müssen wir eine Verzichtserklärung unterschreiben. Wenn uns etwas passiert, sind wir selbst verantwortlich und haben kein Recht auf Schadensersatz. Wir werden aufgefordert, während einer letzten Lagebesprechung im Flur zu warten, und fangen an zu reden. Teresa findet es spannend, dass deutsche Medien Interesse an der Polizei von Los Angeles haben. „Da ist in den vergangenen Jahrzehnten jede Menge schiefgelaufen. Ich traue bis heute keinem

Menschen in Uniform", sagt sie. „Was ist denn genau schiefgelaufen?" „Bis heute behandeln sie uns, als wären wir kriminell, nur weil wir schwarz sind. Ich kann mit meinen Freundinnen nicht abends vor dem Haus stehen, ohne dass wir von der Polizei belästigt werden. Noch schlimmer ist es für meine Brüder." Ich ziehe die Augenbrauen hoch und schalte mein Aufnahmegerät ein. „Was passiert denn, wenn ihr vorm Haus steht? Und warum sind deine Brüder noch schlimmer dran?" „Bei uns kontrollieren sie die Ausweise, fragen, was wir so spät auf der Straße tun. Meine Brüder werden durchsucht. Ich habe Angst, sie werden mal wütend und dann verhaftet, weil sie angeblich Widerstand leisten." „Ich hab' gedacht, das ist alles besser geworden nach den Riots, den Unruhen von 1992." „Siehst du, das ist auch so ein Ding!" Teresa rutscht jetzt unruhig auf ihrem Stuhl hin und her. „Riots!" Ich schaue sie fragend an. „Das hört sich an, als gäbe es keinen Grund für diese Unruhen, als wären die Schwarzen nur losgezogen, um zu plündern und die Gegend zu verwüsten." Sie schüttelt heftig den Kopf. „Das war eine Erhebung – ‚Uprising' –, ein Volksaufstand gegen die Unterdrückung." Bevor Teresa mehr erzählen kann, öffnet sich die Bürotür und die Polizisten fordern uns auf mitzukommen.

Die junge Frau gibt mir auf dem Parkplatz ihre Visitenkarte. „Wenn du Zeit hast, würde ich dir gerne einmal das Viertel aus meiner Sicht zeigen!" „Supercool!" Wir steigen in die Streifenwagen. Das sind Mini-Einsatzzentralen auf Rädern: Computer in der Konsole, mehrere Tastaturen zwischen den Sitzen, Funksprechgeräte neben Lenkrad und Handschuhfach und Instrumente, bei denen ich keine Ahnung habe, wofür sie da sind. Am Ledergürtel der Polizisten stecken Pistole, Taser, Taschenlampe, Munition und Handschellen. Ich schnalle mich an und beuge mich nach vorne,

Mikrofon in der Hand. Bevor ich eine Frage stellen kann, holt der Beamte auf dem Beifahrersitz zu einem Minivortrag aus: Die Beziehungen zwischen Polizei und Bürgern von South Los Angeles, Watts, Inglewood habe sich deutlich verbessert seit den Unruhen von 1992 – er sagt „Riots". Regelmäßige Treffen mit Gemeindemitgliedern, Kirchen und Jugendorganisationen hätten zu mehr Vertrauen und Zusammenarbeit geführt, auch wenn es noch viel zu verbessern gebe. „Dass die Bürger von Los Angeles in allen Vierteln ruhig schlafen können, ist unser ultimatives Ziel", schließt er.

„Und wie sieht eine Nacht auf Streife normalerweise aus?" „Es gibt hier kein ‚Normalerweise'. Jeder Tag, jede Nacht ist anders!", sagt der Beifahrer. „Es kann ganz ruhig sein: ein, zwei Verkehrsdelikte und das war's. Oder es gibt eine Schießerei, Einbrüche, häusliche Gewalt. Wir haben schon alles erlebt." Wir fahren durch kaum beleuchtete Nebenstraßen mit Schlaglöchern und wenig Verkehr. „Hier ist eines der berüchtigten Sozialprojekte." Wir fahren nun langsam. Der Beifahrer zeigt auf mehrere Dutzend kasernenartig angeordnete zweistöckige Wohnblöcke: schmutziges Weiß mit abblätternden blauen Zierleisten unter dem Dach. Wäscheleinen zwischen den Gebäuden. Gitter vor Fenstern und Türen. Hier und da ein Fahrrad an der Wand. Eine Gruppe junger schwarzer Männer steht auf dem Gehweg. Sie schauen misstrauisch zum Streifenwagen. Die Polizisten heben grüßend die Hand. Niemand reagiert. Ihre Blicke folgen uns. Ich fühle mich wie eine neugierige Zoobesucherin.

„Los Angeles hat viele Fehler gemacht", fängt der Polizist auf dem Beifahrersitz wieder an zu reden. „Das hat damit angefangen, dass Latinos und Schwarze nicht in allen Vierteln wohnen durften. In den 1940er-Jahren kamen viele

Schwarze nach Los Angeles. Es gab reichlich Jobs in der Rüstungsindustrie. Aber 95 Prozent der Hausbesitzer in der Stadt haben nicht an Schwarze vermietet. An Asiaten übrigens auch nicht. Fünfzig Jahre nach dem Tod von Martin Luther King ist vieles besser, wir haben weniger Gangs, und die Mordrate geht zurück. Aber es gibt noch immer zu wenig gute Jobs und zu wenig Kids, die aufs College gehen." Wir fahren wieder im Schritttempo, halten vor einem hell erleuchteten Waschsalon. Im Eingang steht eine Gruppe von Frauen. Der Beifahrer lässt sein Fenster herunter und spricht sie auf Spanisch an. Ich verstehe „Grillen" und „Basketballturnier". Wir fahren weiter. „Wir haben demnächst ein Fest hier im Park für die ganze Nachbarschaft", erklärt der Polizist im Weiterfahren. „Sport, Spiele, Infos, Essen, Getränke. Es soll Schwarze und Latinos zusammenbringen. Mehr und mehr Einwanderer aus Mexiko und Mittelamerika ziehen ins Viertel wegen der billigen Mieten. Das gibt Konflikte."

Kaum habe ich mich damit abgefunden, dass ich einen der nicht aufregenden Abende auf Streife erwischt habe, wird der Ton aus dem Funkgerät dringlich. Ich höre Codes – viele Zahlen, dazwischen verstehe ich „Einbruch" und „Man down". „FESTHALTEN!", ruft der Fahrer. Im selben Moment zieht der Streifenwagen ab, wie ich es dem behäbigen Fahrzeug gar nicht zugetraut hätte. Wir rasen über Kreuzungen, vorbei an roten Ampeln, über Schlaglöcher und Bürgersteige. Die Sirenen kreischen unaufhörlich. Ich schaukle auf dem Rücksitz hin und her, den Laustärkeregler auf dem Aufnahmegerät immer im Blick.

Wir halten mit quietschenden Reifen vor einem Schnapsladen. Die Polizisten steigen aus. Kein Wort zu mir. Drei Streifenwagen und eine Ambulanz blockieren schon Parkplatz und Straße. Ihre blinkenden Lichter tauchen alles in ge-

spenstisches Rot, Weiß und Blau. An einer Mauer neben dem Laden stehen aufgereiht Männer und Frauen, die Handflächen über den Köpfen an die Wand gelegt, Beine auseinander, Köpfe gesenkt. Ein Uniformierter tastet sie von oben bis unten ab. Vor der Tür mit Werbung für einen Super-Jackpot und Bud-Light-Sonderangebote liegt ein Körper. Ich sehe nur ein weites weißes T-Shirt über Jeans und Arme, die auf dem Rücken in Handschellen zusammengebunden sind. Im Neonlicht des Ladens stehen drei uniformierte Beamte. Vor ihnen gestikuliert ein Mann mit asiatischen Gesichtszügen. Ich will sehen und aufnehmen, was passiert, fragen, wie es dazu kam. Gerade öffne ich die Tür, da kommt der Beifahrer zurück zum Streifenwagen. „Nicht aussteigen!", bellt er. „Möglicherweise sind mehrere der Männer bewaffnet. Auf keinen Fall aussteigen!" Schade, diesen Ton hab ich nicht aufgenommen! Er geht zurück, ich beobachte die Szene durchs Fenster.

Die Männer und Frauen, die eben noch an der Wand standen, sitzen jetzt auf dem Asphalt, halten ihre Hände hinter dem Rücken. Ich nehme an, dass auch sie jetzt Handschellen tragen. Sie sind schätzungsweise zwischen sechzehn und 25 Jahre alt, dunkelhäutig. Vor ihnen stehen drei Beamte, zwei haben eine Hand an der Pistole im Halfter. Der andere macht Notizen. Ich kann nicht erkennen, was mit dem Mann auf dem Boden passiert. Eine Gruppe Uniformierter versperrt den Blick. Die Geräusche aus dem Funkgerät sind für mich wildes Kauderwelsch.

„Meine" Polizisten kommen zurück zum Streifenwagen, lassen sich schwer in ihre Sitze fallen. „Na, da hattest du ja doch noch dein Abenteuer", sagt der Fahrer. „Was ist denn passiert?", frage ich und halte mein Mikrofon zwischen ihre Sitze. Doch so gesprächig sie vor der Szene am Schnapsladen auch waren – jetzt geben sie sich total zugeknöpft.

„Bewaffneter Raubüberfall." „Was wurde denn gestohlen?" „Das wird noch untersucht." „Und all die Leute, die da an der Wand standen, waren beteiligt?" „Auch das ist noch Teil der Untersuchung." „Was ist denn mit dem Mann, der auf dem Boden lag?" „Das ist der Bewaffnete, der den Kassierer bedroht hat." „Lebt er noch?" „Dazu können wir uns nicht äußern. Teil der Untersuchung." „Hatten die anderen, die an der Wand, denn auch Waffen?" „Das ist Teil der Untersuchung." „Warum haben die denn alle Handschellen angelegt gekriegt?" „Vorbeugende Sicherheitsmaßnahmen." „Und was passiert jetzt?" „Jetzt werden ihre Informationen aufgenommen, und überprüft, ob ein Haftbefehl gegen sie aussteht." „Warum sollte denn ein Haftbefehl gegen sie ausstehen?" „Reine Routine. Das übliche Verfahren an einem Tatort." „An jedem Tatort? Wäre das auch in den Pacific Palisades so, dass dort allen Handschellen angelegt werden, wenn ein Laden überfallen wird?" „Das ist das übliche Verfahren." Schweigend fahren wir zurück zur Zentrale. Die Polizisten verabschieden sich auf dem Parkplatz schnell von mir. Sie müssen einen Bericht abgeben.

Ich suche vergeblich nach mehr Informationen über den Vorfall im Internet. Der Lokalpresse ist er keine Zeile wert.

Drei Tage später treffe ich Teresa, die junge Frau, die mit mir in der Polizeistation war. Wir haben uns an der Bibliothek von Watts verabredet. Ich bin zu früh, laufe auf und ab, bin mir seltsam meiner Hautfarbe bewusst. Was ich sehe, entspricht der Statistik, dass etwa sechzig Prozent der Bewohner von Watts lateinamerikanischer Herkunft sind und knapp vierzig Prozent afroamerikanisch. Ich habe gelesen, dass es besser ist, in Watts nichts in den Farben Rot, Blau und Lila zu tragen. Das seien die Erkennungszeichen von Gangs, die hier aktiv sind. Wer im Territorium des anderen

in der falschen Farbe herumläuft, bekomme Ärger. Zum Glück hat Teresa mich am Telefon beruhigt. „Das war vielleicht mal so, in den Neunzigern. Jetzt brauchst du dir keine Gedanken machen. Zieh Jeans und T-Shirt an, und du fällst überhaupt nicht auf."

Nicht aufzufallen erweist sich allerdings als aussichtslos. Ich bin einfach zu groß und zu weiß. Sorgen um meine Sicherheit mache ich mir trotzdem nicht. Es wirkt alles sehr friedlich, ganz wie jeder sonnige Nachmittag auch in den „besseren Vierteln" von Los Angeles. Ich setze mich auf ein Mäuerchen. Die Bibliothek hinter mir ist mit einem Wandgemälde geschmückt: lachende Schüler und Studenten, betende Priester und schuftende Feldarbeiter. Glocken von der weißen Kirche auf der gegenüberliegenden Straßenseite übertönen den Verkehr. Ein gelbes Plastikspruchband über der Holzpforte fordert auf Spanisch und Englisch dazu auf, Gott zu preisen und jeden Nachbarn zu lieben.

Teresa kommt auf mich zu – türkisfarbenes Sweatshirt, die Locken von einer grauen Wollmütze bedeckt. „Was willst du sehen?" „Die Watts Towers." antworte ich, stolz, dass ich mehr von ihrem Viertel weiß, als dass es dort Gangs und Kriminalität gibt. Sie verdreht die Augen. „Na klar, wenn schon mal jemand von der Westside nach Watts kommt, dann will er die Towers sehen. Was anderes kennt ihr nicht." Ich fühle mich ertappt, bleibe aber bei meinem Wunsch, weil ich sicher bin, dass die Türme einen Besuch wert sind. Ein italienischer Einwanderer, Sabato Simon Rodia, hat mehr als dreißig Jahre lang an ihnen gearbeitet. 1921 hat er damit angefangen. Was ich davon im Internet gesehen habe, erinnert mich gleichzeitig an Gaudís Kreationen in Barcelona und an Street Art aus Überbleibseln der Wegwerfgesellschaft. Bunte Spiralen aus Fliesenmosaik, Beton, Eisen-

stäben, Flaschen, Ton, Porzellan und Schrott winden sich in den Himmel. Am höchsten Punkt sind die Türme dreißig Meter hoch.

„Das ist doch eine gigantische Leistung!“ Teresa zuckt mit den Schultern. „Na klar ist es beeindruckend, was er geschaffen hat. Aber: Der Mann ist vor fünfzig Jahren gestorben. Das ist was für Touristen und hat nichts damit zu tun, wie wir jetzt leben.“ Sie will mir lieber einen Park zeigen, der nur ein paar Häuserblocks von der Bibliothek entfernt ist, an der wir uns getroffen haben. „Dort kann ich dir in Ruhe ein bisschen vom Leben in Watts erzählen.“ Zehn Minuten später sind wir da. Unter Bäumen stehen Parkbänke. Teenager spielen Basketball. Mütter beobachten ihre Kinder zwischen Klettergerüsten und Schaukeln auf einem Spielplatz. Ein Pärchen knutscht auf seiner Picknickdecke. Wir setzen uns auf eine Bank. „Siehst du: Die Menschen hier genießen wie überall auf der Welt einen sonnigen Nachmittag. Keine Schießerei, kein Überfall“, sagt sie. Ich gebe zu, dass das nicht in mein Bild von Watts passt. „Weil du nur die dämlichen Berichte aus den Abendnachrichten siehst. Als könnten wir hier nicht aus dem Haus gehen, ohne dass uns Kugeln um die Ohren fliegen. Wenn ich am College sage, dass ich aus Watts komme, schauen mich die Leute mitleidig an. Und dann stellen sie komische Fragen: Wie oft wurde schon auf dich geschossen? Bist du in einer Gang? Gehst du allein auf die Straße? Ich bin in Watts aufgewachsen und habe in meinem Leben noch keine Pistole gesehen. Das glaubt mir keiner!“

„Aber ist nicht auch was an all den Geschichten dran? Ich habe gelesen, dass die Kriminalität hier überproportional hoch ist, dass es Gangs gibt, Arbeitslosigkeit, und wenn es Jobs gibt, dass sie schlecht bezahlt sind?“ Sie gibt zu, dass einiges verbesserungsfähig ist und dass in ein paar

Ecken von Watts noch brutale Banden aktiv sind. „Aber ich gehe auch nicht nach Santa Monica oder in die Pacific Palisades. Ich fühle mich hier sicherer. Dort werde ich andauernd schief und misstrauisch angeschaut." So habe ich das noch nie gesehen.

„Sicher könnten wir bessere Jobs brauchen. Aber die Ursachen sind kompliziert. Die könnte ja mal jemand erklären. Interessant ist doch: Warum hat unsere Bibliothek nur zwei Computer? Warum gibt es in Watts nur Fast-Food-Restaurants? Warum gibt es keinen Supermarkt mit frischem Obst und Gemüse? Warum brechen so viele Kinder die Schule ab?" „Warum?" „Es ist eine Spirale – schlechte Jobs bedeuten wenig Einkommen, bedeuten wenig Steuern, bedeuten wenig Geld für Schulen, Infrastruktur etc.", erklärt sie. „Dazu kommen Langzeitfolgen der Drogenepidemie der Achtzigerjahre, die diese Viertel besonders hart getroffen hat: Väter im Knast, Eltern, die sich nicht um Kinder kümmern, Gangs, Misstrauen zwischen Bürgern und Polizei. Ein schlechtes Image, das bis heute Investoren abschreckt, dazu Korruption und Vetternwirtschaft im Stadtrat und keine Medien, die da mal nachhaken!"

„Und was schlägst du vor, sollte gemacht werden?" „Dass Journalisten sich mal den wirklichen Problemen widmen und dass unsere Politiker Unternehmer anlocken, die uns eine Chance geben und investieren. Dass die Stadt nicht nur darüber redet, wie wichtig Bildung ist, sondern auch in unsere Schulen, in unsere Jugendzentren investiert. Zum Beispiel." Sie holt tief Luft und lacht dann überraschend. „Und ich möchte, dass Besucher, die nach Watts kommen, nicht direkt zu den Towers fahren, ein paar Fotos machen und wieder wegfahren."

„Was sollten sie denn lieber tun?" „Sie sollten die Straßenbahn nehmen, von der Haltestelle ein paar Blocks lau-

fen, mit ein paar Leuten reden, in ein Geschäft gehen und sich ihr eigenes Bild machen!" „Okay, dann machen wir das. Zu den Towers laufen."

Sie lacht wieder. „Nein, lass uns dein Auto nehmen. Nicht, weil es zu Fuß zu gefährlich ist. Von der Straßenbahn sind es nur ein paar Blocks, aber von hier ist es zu weit in dieser Hitze." Auf dem Weg zurück zur Bibliothek kommen wir an einem Gebäude mit vernagelten Fenstern vorbei. „Das ist unser sogenanntes Jugendzentrum. Eine Schande!" „Wieso?" „Ich wollte da Infos übers College finden: Tutoren, finanzielle Unterstützung, Jobs, Studentenzimmer. Nichts! Sie haben alle möglichen Programme für schwangere Teenager und Jungs mit Vorstrafen. Aber nichts für jemand wie mich, die aufs College will. Mir haben Freundinnen gesagt, ich soll schwanger werden und Sozialhilfe beantragen. Das ist einfacher!" Sie schüttelt den Kopf. „Ich schreibe darüber gerade einen Artikel. Meine Freundinnen sagen, damit verrate ich meine eigenen Leute. Aber irgendjemand muss doch aussprechen, dass das falsch ist." „Das bestätigt doch auch alle Vorurteile." Teresa seufzt. „Ich sage ja: Es ist kompliziert."

Auf der Fahrt zu den Türmen zeigt sie mir einen rosafarbenen Wohnblock, in dem sie mit ihrer Großmutter wohnt. „Irgendjemand hatte die bescheuerte Idee mit der Farbe. Angeblich ist pink besänftigend. Aber frag mal meine Oma!" Neben den Watts Towers üben Jugendliche ihre Skateboard-Künste. Die Türme sind von einem Stahlgitter umgeben. Daneben steht ein Bungalow – ein Kunstzentrum. Das ist gerade geschlossen, und deshalb gibt es auch keinen Zugang zu den Türmen. Durch das Gitter entdecke ich viele liebevolle Details: ein Muschelmosaik, Herzen aus buntem Porzellan, in Beton geritzte Blumenmuster. Mich wundert, dass das alles zusammenhält. „Seit Jahren arbei-

ten Restauratoren an der Erhaltung der Skulptur", erklärt mir Teresa. „Das kostet eine Menge Geld, das wir auch anderswo gut gebrauchen könnten. Aber ist schon okay. Die Türme sind ein gutes Wahrzeichen. Sie sind genauso unverwüstlich wie die Bürger von Watts!"

Sie bedankt sich zum Abschied dafür, dass ich mir Zeit genommen habe, mir ein eigenes Bild von ihrem Viertel zu machen. Ich steuere nicht direkt auf den Freeway, sondern öffne mein Verdeck und fahre durch die Nebenstraßen von Watts zurück an die Westside.

August

Ich hatte noch nicht meinen Korrespondentenvertrag für Los Angeles unterschrieben, da hatten sich schon Besucher angekündigt: Verwandte, Freundinnen und Kollegen. Inzwischen sind ein paar von ihnen dagewesen. Meist kommen sie für eine Nacht am Start oder Ziel ihres Urlaubs, mit Wohnmobil, Cabrio oder Harley Davidson. Ist Los Angeles das Ende ihrer Urlaubsreise, sehe ich sie mit Sonnenbrand, leuchtenden Augen, Abenteuergeschichten und durchgesessenen Hintern.

Habe ich Zeit, gehe ich mit in die Fußgängerzone von Santa Monica, zum Lunch in die Barfuß-Bar des „Duke's Malibu" mit Blick auf den Pazifik oder zu Cocktails in der „Moonshadows Lounge" am Meer. Dort relaxen auch Promis auf überdimensionierten, luxuriös gepolsterten Liegen. Ich habe außerdem entdeckt, dass man beim Dinner im „Perch" das perfekte Großstadterlebnis hat: ein Restaurant mit Dachterrasse und Live-Musik mitten zwischen Wolkenkratzern.

In einer Woche bin ich wieder Fremdenführerin. Meine Schwester Lotte und ihre beiden Teenager-Jungs Mark und Alex sind der erste Familienbesuch. Wir haben ausgemacht, in die Wüste zu fahren. Ich habe einen flippigen Campingplatz in der Nähe von Palm Springs entdeckt. In Hicksville stehen Wohnmobile mit verrückter Ausstattung, Pool, Alienkommunikationsanlage und einem Whirlpool auf dem Dach des Badehauses.

Meine Vorfreude ist drei Stunden, nachdem ihr Flieger auf der Anzeigetafel des internationalen Terminals als

„gelandet“ angezeigt wurde, der Sorge gewichen. Wo bleiben sie nur? Meine Augen sind auf den Tunnel geheftet, durch den alle Passagiere internationaler Flüge in die Halle kommen. Alle zwei Minuten checke ich mein Handy, obwohl ich weiß, dass Lotte und die Jungs ihre Mobilfunkgeräte ganz bestimmt nicht benutzen dürfen, bis sie vor mir stehen. Flüge aus London, Lima, Zürich, Sao Paulo, Guangzhou, Mexico und Panama City sind inzwischen gelandet. Reihenweise fallen sich neben mir Familien und Paare in die Arme. Chauffeure in schwarzen Anzügen leiten ihre Kunden zu Limousinen. Da endlich! Meine Neffen kommen ins Sichtfeld. Mark ist fünfzehn, Alex dreizehn. Beide sind einen Kopf größer als alle anderen, die ihr Gepäck müde aus der Versenkung nach oben schieben. Einen Schritt hinter ihnen schleppt sich Lotte blass mit einem Rucksack auf dem Rücken den Gang nach oben. Mühsam halte ich mich davor zurück, durch die Absperrung auf sie zu zu rennen. Endlich fallen auch wir uns in die Arme.

„Die doofen Formulare!“, schnauft Lotte. „Und dein doofes Leberwurstbrot, Mama!“, ergänzt Alex. Während wir Rucksäcke, Taschen und Koffer im Cabrio verstauen und das Verdeck öffnen, erklärt meine Schwester: Sie hatten eine Zeile auf dem Zollpapier nicht richtig ausgefüllt und mussten sich deshalb mit neuem Formular nochmal anstellen, hinter Chinesen, Briten, Peruanern, Mexikanern und allen anderen, die inzwischen auch gelandet waren. Als sie ihr Gepäck eingesammelt hatten, kam ein Beagle eifrig wedelnd auf Lotte zugestürmt. „Ich liebe ja Hunde, aber der Typ in Uniform am anderen Ende der Leine hat mir einen Schreck eingejagt“, erzählt sie. „Grenzbeamte. Ein Zollhund“, rate ich. „Genau! Seine Schnauze hat geradezu an meiner Handtasche geklebt.“ Der Beagle hatte die letzte in Cellophanfolie gewickelte Stulle aus Mutters Versorgungspaket erschnüffelt.

„Wegwerfen oder aufessen!“, befahl der Mann vom Grenzschutz. Lotte, Mark und Alex teilten sich vor den Augen der Staatsgewalt das matschige Leberwurstbrot und erhielten die Genehmigung zum Verlassen des Flughafens.

„Willkommen in Amerika! Land of the free. Home of the brave!“, rufe ich beim Anlassen des Motors. „Was heißt das denn?“, fragt Alex. „Das singen die in ihrer Nationalhymne. Es heißt: Hier sind alle frei und tapfer“, erklärt sein älterer Bruder. „Abgesehen von den zwei Millionen im Knast“, ergänzt Lotte. „Tapfer genug, um auf alles, was ihnen im Weg ist, zu schießen, anstatt zu diskutieren“, setzt Mark eins drauf. Das kann ja heiter werden!

Als wir vom Freeway auf den Pacific Coast Highway abbiegen und sich Strand und Meer vor uns ausbreiten, entweicht uns ein gemeinsamer Seufzer. „Das ist ja geil“, höre ich von der Rückbank. Lotte streckt ihre Hände dem blauen Himmel entgegen. Kalifornien!

Ben bringt mit den Jungs das Gepäck ins Gästezimmer und geht zurück in die Küche, um Lasagnenudeln in eine Backform zu schichten. Er schickt Lotte und mich mit Käse und Wein auf die Terrasse. „Wir haben den Rest schon im Griff.“ Das lassen wir uns nicht zweimal sagen. Die Sonne steht nah über den Bergen. Gleich beginnt die Sonnenuntergangsshow.

„Prost!“, sagt meine große Schwester. „Auf die Entwicklung vom Landei zur internationalen Korrespondentin!“ „Auf vier wunderbare Wochen in Kalifornien!“ Wir stoßen an und schauen ohne Worte zum Horizont.

Schnell stelle ich fest, dass mit zwei Teenagern im Haus der Kühlschrank immer leer ist. Die Jungs vernichten zum Frühstück ein komplettes Toastbrot plus Müsli. Nach einem Tag am Strand gibt man ihnen am besten einen Riesentopf Spaghetti mit Sauce. Endlich können wir von Super-Size-

Sonderangeboten im Supermarkt profitieren. Wir schichten ziegelsteingroße Käsebrocken, Mammut-Chipstüten, Mega-Nudelpackungen, gallonenweise Milch und Tomatensauce, Riesenbeutel Müsli, Kilopakete Rinderhack und Hühnerbrüste im Drei-Dutzend-Pack in den Einkaufswagen. Meine Schwester lernt zum Glück schnell, mein Cabrio souverän durch kurvenreiche Straßen zu Strand und Supermarkt zu lenken. Beim Einkaufen gewöhnt sie sich daran, dass an der Kasse ihre Einkäufe von einem Mitarbeiter eingepackt werden, dass die Läden wegen der hochtourig laufenden Klimaanlage kalt wie Kühlschränke sind und die Verkäuferinnen komisch gucken, wenn sie keine Kreditkarte zückt, sondern Bargeld aus dem Portemonnaie abzählt. Münzen hebt sie sich für Parkuhren auf. Strafzettel für Falschparken kosten 65 Dollar. Das obligatorische „How are you?" beantwortet sie, wie man es in den USA erwartet: mit einem freundlichen Lächeln und: „Great!"

In Hollywood posieren wir vor Hand- und Schuhabdrücken von Arnold Schwarzenegger, Marilyn Monroe und Mickey Mouse. Wir lassen uns auf der Treppe zu dem Theater fotografieren, in dem die Oscars verliehen werden. Ich führe die drei in die Berge, damit sie dort das perfekte Foto vom Hollywood-Zeichen machen können. Wir fahren weiter zum ältesten Teil der Stadt mit der pseudo-mexikanischen Fußgängerzone von Olvera Street. Mark kauft einen Sombrero, und wir streicheln einen Esel. Die Teenager wollen die ganze Zeit vor allem eins: so schnell wie möglich raus aus der Hitze der Innenstadt und zurück ins Wasser.

Wir kaufen Boogie Boards, mit denen sich Ben und die Jungs nach Feierabend in den Pazifik stürzen. Je höher und wilder die Wellen, desto glücklicher die drei. „Die sind cool, deine Neffen!", sagt Ben, als sie nach Hause kommen. Ihre Nasen und Schultern sind rot verbrannt. Die Haare

stehen wild in alle Richtungen. Sand rieselt aus Hosen, Handtüchern und Körperritzen. Lottes Lippen sind blau wie damals, als wir zu lange in der Nordsee an Papis Hand über Wellen gesprungen sind. „Das nächste Mal komme ich mit", verkünde ich.

Erstmal aber planen wir unseren Campingausflug in der Wüste. „Es ist heiß da", warne ich, „über 40 Grad." „Es gibt doch Sonnenschutz und Hüte", sagt Lotte. „Und einen Pool", ergänzen die Jungs. Ich buche für uns den New World Trailer. Es ist der einzige Wohnwagen mit eigenem Badezimmer, Küche und Flachbildschirm. Das Stockbett, das zum Schnittplatz für Filmemacher umgebaut werden kann, werden wir kaum gebrauchen. Sie fahren vor unserem gemeinsamen Trip noch im Mietwagen an der Küste entlang nach San Francisco. Mit Boogie Boards im Kofferraum düsen sie los.

„Wir sollten auch einmal nach San Francisco fahren", sage ich am Abend nach ihrer Abfahrt zu Ben. „Ist ja peinlich, dass ich noch nie in der Stadt war, die angeblich so viel schöner ist als Los Angeles." „Die haben zwei gute Football-Teams! Die 49ers und die Raiders von Oakland auf der anderen Seite der Bucht." Er zeigt mir im Computer Fotos von Männern und Frauen mit schwarzsilberner Kriegsbemalung und Monsterketten um den Hals, Lederjacken geschmückt mit Totenköpfen, Spikes und Nieten. „Wer sind die denn?" „Das sind Raiders-Fans." „Da gehen wir hin!" Ich bekomme zum Dank für meine Football-Abenteuerlust eine fette Umarmung.

Lotte und die Teenager schicken Fotos von unterwegs – Buchten, Seelöwen, Kliffs, ein surfender Hund, Brücken, Sonnenuntergänge, Möwen, Palmen, Wasserfälle, Riesenportionen von Muschelsuppe, Pelikane auf einem Fenstersims. Kaum sind sie zurück, überschlagen sie sich beim

Geschichten erzählen. Sie haben glücklicherweise nur nette, hilfsbereite Menschen getroffen. „Manche ein bisschen durchgeknallt", sagt Alex. „Erinnerst du dich an die Bikini-Oma beim Yoga am Strand?" „Oder an den Typ auf Stelzen mit dem Baumstamm auf dem Kopf?" „Und die Fahrradfahrer in Regenbogenfarben?" Sie haben sich zwischen den Redwood-Baumriesen wie Zwerge gefühlt und in Lucia, wo ich mit Susanne übernachtet hatte, auf der Wiese gepicknickt. Nach dem Besuch des Aquariums in Monterey sind sie umgedreht.

„Die Jungs haben zwei Stunden vor San Francisco gestreikt", erzählt Lotte. „Was sollen wir schon wieder in einer Stadt?", haben sie gejammert. „Stadt haben wir auch zu Hause in Wuppertal. Und hier in Los Angeles", verteidigt Mark den Mini-Aufstand, den die Brüder nach drei Tagen Autofahrt inszeniert haben. Lotte war schnell überredet, und sie haben sich in der Bucht von Carmel eingemietet. Der Wohnort von Doris Day und Ex-Bürgermeister Clint Eastwood ist kein billiges Pflaster, aber meine patente Schwester hat eine bezahlbare Unterkunft gefunden. „Wir sind direkt zum Sonnenuntergang angekommen. Die Leute haben am Meer gesessen wie im Freilufttheater, und als die Sonne hinterm Horizont verschwunden ist, haben sie geklatscht", erzählt sie.

Ben ist ein wenig neidisch auf den Wüstentrip, den wir nun unternehmen wollen, aber nach knapp zwei Monaten im Job hat er noch keinen Urlaub und muss uns alleine ziehen lassen. Mit offenem Verdeck fahren wir los. Und stehen nach zehn Minuten direkt im Stau Richtung Downtown. Es ist kurz nach zehn Uhr morgens. Mitten in der Woche! Wo wollen die Leute um diese Uhrzeit alle hin? Die Sonne brennt schon unbarmherzig. Ich habe das Gefühl, mein Hirn wird ausgedörrt wie eine Trockenpflaume. „Kur-

ze Abstimmung: Ist es okay, das Verdeck zuzumachen?", frage ich in die Runde und ernte erleichterte Zustimmung aus allen Richtungen. Wir fahren vom Freeway ab und mit geschlossenem Dach auf Seitenstraßen weiter, vorbei an Lagerhallen, verbarrikadierten Geschäften und beigegrauen Mini-Einkaufszentren. An jeder Ecke gibt es Schnapsläden und Autowaschanlagen. Lotte fällt auf, dass die meisten Bushaltestellen kein Dach, also auch keinen Schatten haben, und dass unter den Wartenden kaum Weiße sind. Aus der Trostlosigkeit stechen kreative Farbkleckse hervor: Graffiti, bunt bemalte Taco-Läden und Pupusa-Restaurants.

Als wir die Wolkenkratzer von Los Angeles im Rückspiegel sehen, fahre ich zurück auf den Freeway. Der Verkehr hat sich gelichtet. Mein Besuch staunt über Monsterlaster und darüber, dass ich sie sowohl rechts wie links überholen kann. Wir folgen Schildern zum Joshua Tree Park. Wo der Freeway nach Palm Springs weiterführt, biegen wir nach links auf eine Landstraße ab und nach einer halben Stunde von dort auf einen unbefestigten Weg. „Bist du sicher, dass das hier richtig ist?", fragt Lotte, als wir ein paar hundert Meter über unbefestigte Schlaglöcher geholpert sind. Der einzige Orientierungspunkt ist eine Bergkette in weiter Ferne. Ich gebe ihr die ausgedruckte E-Mail vom Campingplatz-Besitzer. „Weiterfahren, bis die Straße an einem alten Stromkasten endet", liest sie laut. „Nach links auf den Pfad abbiegen. Vorbei an einer Ranch mit hellblauem Anbau. Nach einer Viertel Meile links und auf einem der Parkplätze am Zaun anhalten."

„Das ist ja mitten in der Pampa! Gar nicht wie Wüste", stellt Alex fest. Er hält nach malerischen, riesigen Sanddünen Ausschau. Doch die Wüste zwischen Los Angeles und Las Vegas ist auf den ersten Blick eine ziemlich öde Mischung aus vertrockneten staubigen Dornenbüschen,

Steinen und Felsformationen. Alle paar Meter stehen zwischen vereinzelten Wohnwagen und schiefen Holzhütten krumme kurze Bäume mit kratzigen Büschelkronen: Joshua Trees, Josuabäume. Köter kläffen. Pferde und Esel beugen sich unter der Sonne. Wir hinterlassen eine riesige Staubwolke in der Ödnis.

„Haben wir noch Sprit?", fragt Mark. Gute Frage – die Tankanzeige ist kurz vor rot. Weder Handy noch Navi funktionieren. Mir fällt ein, dass ich Ben nie genau erklärt habe, wo dieser Campingplatz ist. Ich hoffe, er hat sich den Namen Hicksville gemerkt. „Da! Ein Stromkasten!", ruft Alex. Wir stehen am Ende des Feldwegs und schauen nach links.

Der Pfad ist kaum zu erkennen. Wir holpern weiter, sehen eine Ranch mit hellblauem Anbau und stehen nach einer gefühlten Ewigkeit an einem frisch gestrichenen Zwei-Meter-Zaun. Anhalten. Aussteigen. Heißer Wind schlägt uns entgegen, Luft wie aus einem vorgeheizten Backofen. Um das Auto senkt sich der Staub. Absolute Stille. Bevor wir den Eingang finden, öffnet ein schlaksiger junger Mann mit zauseligem Bart und Hosenträgern überm nackten Oberkörper eine Tür im Zaun.

„Hi, willkommen! Ich heiße Brian. Ich wohne hier. Ich zeige euch erstmal alles." Wir folgen Brian zum Badehaus. „Ihr habt ja ein eigenes Bad in der ‚New World', aber hier gibt's noch ein paar Duschen und 'ne Badewanne. Die teilt ihr euch mit den anderen Gästen." Wir gehen über grünen Kunstrasen vorbei am nierenförmigen Pool. Um ihn herum sind Wohnwagen geparkt. Einer ist schwarz mit Grabsteinen im Minivorgarten. Vor dem silbern glänzenden Wagen daneben stehen platte Aluminiumgartenzwerge, die wie Marsmännchen aussehen, und ein Minisurfbrett. Es gibt auch einen Saloonwagen mit Holzverkleidung und eine Pferdetränke. Ein anderer ist lila-golden verziert.

Brian zeigt uns, wie Jukebox, Kaffeemaschine und Grill neben dem Pool funktionieren, und wo die Jungs ihre iPods für die Unterwassermusik einstöpseln können. Dann geht es weiter zu Liegestühlen, Tischtennisplatte und Außendusche und von dort über eine Wendeltreppe aufs Dach zum Whirlpool mit Sitzecke. „Ihr habt Glück. Neumond! Das sollte 'ne tolle Sternenshow werden", verspricht Brian.

„Und wo ist die Alienkommunikationsanlage?", fragt Mark. „Die ist im Integratrailor." Brian zeigt nach unten auf den die Sonne reflektierenden Airstream-Wohnwagen aus Aluminium. „Vielleicht lassen euch die zwei Frauen, die ihn gebucht haben, ran. Funktioniert garantiert nach zwei Margaritas und einem Joint." Die Jungs grinsen. Von hier oben sieht der Campingplatz aus wie eine Filmkulisse, in der jeden Moment Frank Sinatra und Marilyn Monroe ihren Auftritt haben.

Unser Wohnwagen steht etwas abseits, ist zehn Meter lang und hat einen Holzvorbau mit Dach und Lichterkette. Endlich Schatten! Im Bad müssen die Jungs den Kopf einziehen. Das Bett ist zu klein für sie. Das Stockbett, das zum Filmschnittplatz ausgebaut werden kann, ist selbst für Lotte und mich zu kurz. „Kein Problem", sagt Mark, der unseren Blicken gefolgt ist. „Wir legen die Matratzen draußen auf die Terrasse." Ich übersetze für Brian, und er nickt: „Klar – wie es passt. Legt nur alles vor der Abfahrt wieder zurück."

Eine halbe Stunde später treiben wir auf Luftmatratzen und bunten Schwimmnudeln im Pool unter wolkenlosem Himmel. Aus den Unterwasserlautsprechern kommt Siebzierjahre-Musik. Lotte und ich ziehen bald auf die Liegestühle um. Ich hole Bier aus dem Getränkeautomat. Beschwipst spielen wir später Tischtennis. Die Jungs schießen mit Pfeilen auf eine Zielscheibe aus Stroh. Das Licht um

uns wird sanft golden. Zwischen Dornenbüschen hopsen Kaninchen. Wir steigen aufs Dach. Dort überwältigt uns der Sonnenuntergang. WAHNSINN! Endloser Blick zu Feuerfarben am Horizont, davor Joshua-Bäume und Bergketten im Scherenschnitt. Kein Zeichen von Zivilisation zu sehen oder zu hören.

„Wir müssen Mami und Papi eine Postkarte von hier schicken", sage ich in die Stille. „Ich glaube, sie finden es sehr schade, dass du so weit weg bist", antwortet meine große Schwester. „Ich weiß. Zum Glück seid ihr nicht so weit weg. Sie haben beides – eine Tochter, die in der Welt rumreist und eine Tochter mit Familie." Sie schweigt eine Weile. „Ich hab' auch immer davon geträumt, in der Welt rumzureisen und Abenteuer zu erleben. Und jetzt wohne ich in Wuppertal." Ein schwerer Seufzer entfährt ihr. „Und ich hab' gedacht, ich hab' mal eine Familie, supersüße Kinder mit einem Künstler und Weltenbummler", gestehe ich. „Jetzt bin ich fast vierzig, kinderlos, und lebe mit einem Amerikaner zusammen, der am liebsten auf dem Sofa liegt und Football schaut." Sie lacht und hebt ihre Bierflasche. „Auf das unberechenbare Leben!" Wir stoßen an und schauen wieder zum Horizont. Der Himmel verfärbt sich von blutrot zu tiefblau, dann schwarz. Die ersten Sterne sind zu sehen. Gitarrenmusik und Gelächter schweben vom Pool zu uns nach oben.

„Wir haben Hunger!" Die Jungs kommen über die Wendeltreppe aufs Dach und ziehen uns aus den Liegestühlen. Vor dem Badehaus treffen wir die zwei Frauen, die in den Integratrailor eingezogen sind. Beide sind um die fünfzig. Eine trägt ein Jacky-Kennedy-Tuch über blonden Locken, die andere einen Schlapphut mit bunten Strohblumen über kurzem grauen Haar.

„Ich bin Cindy, das ist Brenda", sagt die Blondine mit

einer Stimme, die jahrzehntelanges Rauchen verrät. „Ihr könnt uns Thelma und Louise nennen“, ergänzt ihre Freundin, „wir sind auf der Flucht. Zwischenstopp auf dem Weg nach Mexiko.“ Dann brechen beide in schallendes Gelächter aus.

„Geht ihr auch zum Soundbad?“, fragt die Blondine. „Soundbad?“ Wir schauen sie mit großen Augen an. „Das Integratron!“, rufen beide und reden dann gleichzeitig auf uns ein. Ich verstehe nur „Spiritualität und Energie, geomagnetische Felder, Jungbrunnen, Kristallschalen, Zeitmaschine und Außerirdische“. „Ich will da hin!“, rufe ich. „Das ist nicht dein Ernst“, flüstert Alex in mein Ohr. Ich frage Thelma und Louise nach der Adresse. „Gar nicht weit von hier. Aber alles ausgebucht diese Tage. Wir haben schon vor Wochen gebucht.“ „Na, dann viel Spaß!“, sagt Alex. „Wir müssen jetzt was Essen gehen.“ Nach der Alienkommunikation fragen die Jungs nicht mehr.

Straßenlaternen gibt es natürlich keine in dieser Ödnis. Unsere Scheinwerfer schneiden eine Schneise durch komplette Neumond-Dunkelheit. Brian hat uns den Weg zum legendären „Pappy Harriet’s“ beschrieben. Die Kneipe gehört zu den Billboard-Top-Ten der „versteckten Juwelen aus der US-Musikszene“. Meist spielen lokale Bands auf der kleinen Bühne. Es haben dort aber auch schon Eric Burdon, Robert Plant und andere Größen Jamsessions eingelegt.

Wir sind erstmal froh, als wir auf dem Weg zu diesem Juwel auf der von Brian angekündigten Asphaltstraße landen. Dann erscheint Licht am Horizont. Wir sind mitten in einer Westernkulisse mit Saloon, Gefängnis und Badehaus gelandet. Auf dem Dach eines Gebäudes umrahmen nackte Glühbirnen ein Schild: „Pappy & Harriet’s Pioneertown Palace“. Rund ums Haus hängt eine bunte Lichterkette, die von der Weihnachtsdekoration übriggeblieben sein könn-

te. Wir parken unseren verstaubten Mietwagen zwischen Pick-up-Trucks. Drei Teenager traben auf ungesattelten Pferden vorbei. Rauch und Duft von frischem Barbecue steigt in unsere Nasen.

Die Holztische drinnen sind voll besetzt. Wo kommen denn all die Menschen her? Auf der Bühne spielt ein Bär von Mann mit grauem Prinz-Eisenherz-Haarschnitt Keyboard und Mundharmonika. Sein weibliches Ebenbild schrammelt daneben auf einem Banjo. Vor ihnen am Mikrofon steht eine engelsgleiche Blondine mit hüftlangem Haar in Jeansweste, Shorts und Cowboy-Boots. Sie singt von Jesus, Whiskey und verlorener Liebe. An rot gestrichenen Wänden hängen amerikanische Fahnen, Autoschilder, Schwarz-Weiß-Fotos, Hirschgeweihe, Rehköpfe und Stierhörner. Großartig!

Wir zwängen uns an einen der vollbesetzten Tische und bestellen Nachos, Ribs, Burger und Quesadillas. Die Portionen entsprechen unserem riesigen Hunger. Erst als die Band nach der letzten Zugabe ihre Instrumente zusammenpackt, zahlen wir. Kojoten laufen bei der Fahrt zurück in unser Scheinwerferlicht. Auf dem Campingplatz reden Musiker am Lagerfeuer bei Bier und Starbucks-Pulverkaffee über Strategien für den Weltfrieden. Ein Thermometer an der Jukebox zeigt 25 Grad. Mark und Alex springen in den Pool. Lotte und ich steigen mit einer Flasche Rotwein aufs Dach. Das Pärchen, das sich im Whirlpool entspannt, grüßt freundlich, und wir lassen uns zu ihnen in das warme, sprudelnde Wasser hinab. Ich schaue nach oben zur Domkuppel aus Sternen. Der Anblick der Milchstraße raubt mir den Atem.

Als wir zum Wohnwagen kommen, haben die Jungs schon die Matratzen aus dem Stockbett auf die Terrasse geschleppt. Ihre langen Arme und Beine hängen an allen

Seiten über die Polster. Beim Einschlafen fällt mir auf, dass irgendetwas ganz anders ist als zu Hause. Erst komme ich nicht drauf, dann wird es mir klar: Es ist die absolute Stille. Ich höre kein Auto, kein Flugzeug und nicht mal Grillen. Nichts! Nur zweieinhalb Stunden entfernt von Los Angeles.

Als ich aufwache, steht die Sonne noch schräg hinter den Bergen. Sie wirft ein weiches Licht und lange Schatten über den Campingplatz. Mark schält sich aus den Decken, in die er sich gewickelt hatte, und macht sich mit seiner Kamera auf Entdeckungsreise. Ich brühe mir an der Bar einen Kaffee und setze mich vor den Wohnwagen. Lotte und Alex kommen dazu. Wir schlürfen wortlos Milch mit Müsli. Trotz Sonnencreme und Hüten sind unsere Gesichter rot. Nur Mark scheinen weder Hitze noch Sonne etwas auszumachen. Die Haut perfekt gebräunt kommt er nach über einer Stunde Expedition zum Wohnwagen. Er hat Fotos gemacht von skurrilen Kakteen, schiefen Joshua-Bäumen, von Felsformationen, Eidechsen, einem Wüstenfuchs und Vögeln, die nicht fliegen, sondern auf dem Boden herumrennen und -hüpfen. Er verschwindet in Richtung Pool. Alex stellt sich unter die Außendusche. Lotte und Mark spielen bis zum Auschecken eine halbe Ewigkeit Cornhole. Das ist ein Spiel, bei dem man mit bunten Sandsäckchen auf Bretter mit Löchern zielt. Während ich mit geschlossenen Augen im Pool treibe, höre ich ihr Jauchzen und Fluchen. Thelma und Louise verabschieden sich zum Soundbad. Wir trennen uns mittags schweren Herzens von der Camping-Wüsten-Kulisse.

Wir wollen uns Pioneertown nochmal bei Tageslicht anschauen. Erstmal wird aber getankt, und Hunger haben wir auch schon wieder, vor allem Mark und Alex. Direkt an der Landstraße finden wir das „Cafe Ma Rouge“, ein

Restaurant mit eigener Bäckerei – alles Öko, alles große Portionen! Plus Klimaanlage! Zu Fruchtsmoothies und Milchshakes bestellen wir frische Blaubeermuffins, Bananenpfannkuchen und Quiche mit Jalapeno-Chips. Ich brauche natürlich einen Cappuccino für unterwegs.

Die Temperaturanzeige im Auto zeigt 111 Grad Fahrenheit – 44 Grad Celsius. Trotzdem steigen wir in Pioneertown aus und ziehen durch das Westerndorf, das aussieht, als würden sich auf der menschenleeren staubigen Hauptstraße John Wayne und Clint Eastwood jeden Moment zum letzten Duell treffen. In den 1940er-Jahren war der Ort tatsächlich Filmkulisse. Außer Saloon, Restaurant, Gefängnis und Badehaus stehen noch eine Kegelbahn, eine Scheune, ein Motel und ein Tante-Emma-Laden. „Eis, kalte Getränke, Snacks“, lockt ein Schild vor dem General Store. „Im August kommt hier kaum jemand vorbei. Schon gar nicht mittags“, erklärt die Frau hinter dem Tresen. Sie verkauft auch maßgefertigte Stiefel, Hüte und Sättel. Wir brauchen nur Wasser! Viel Wasser! Kaltes Wasser! Und die Jungs ein Eis.

Eigentlich wollten wir noch die Palm-Springs-Seilbahn in die Berge nehmen. Ihre Betreiber versprechen ein spektakuläres Panorama und kühle Temperaturen. Aber Lotte ist selbst mit Sonnenbrand bleich um die Nase und auffallend still. Sie hat Kopfschmerzen und Gänsehaut. Der stundenlange Cornhole-Wettbewerb unter der Sonne hat ihr zugesetzt. Wir fahren nach Hause.

Die letzte Woche mit der Familie vergeht wie im Flug. Wir wandern in den Bergen hinter unserem Haus und trinken Cocktails am Meer. Den geplanten Besuch nach Disneyland streichen wir. Für den Preis von vier Eintrittskarten buchen wir den Jungs lieber einen Surfkurs. Furchtlos erobern sie mit den Brettern die Wellen von Venice

Beach. Lotte und ich melden uns für einen Vier-Stunden-Crashkurs an.

Geübt wird am Strand. Wir legen uns auf die Bretter im Sand und paddeln auf Kommando des Lehrers mit den Armen durch die Luft. Norman ist blond, athletisch und charmant mit makellosem Bilderbuchlächeln. „Und jetzt kommt die Welle, eins, zwei, drei", ruft er. Wir greifen unsere Bretter und springen schräg mit gebeugten Knien drauf. „Oberkörper gerade, Arme ausgestreckt, eins, zwei drei! Wunderbar! Perfekt! Alles Naturtalente!" Gar nicht so schwer, denke ich, wenn man erstmal einen Rhythmus hat. Dann tragen wir die Mammutbretter ins Wasser. Sie sind nicht nur sperrig, sondern auch schwer. „Warum krieg' ich kein kleineres Surfbrett?" „Je kleiner, desto schwerer zu manövrieren", erklärt Norman. Dann geht's los. Aufs Brett legen und paddeln. Ist ja doch ziemlich anstrengend. Ich komme einfach nicht aus dem Liegen in die Hocke. Zu schwache Arme. Zu schwerer Körper. Ich sollte weniger Zimtschnecken essen. „Paddle, paddle, paddle – jump!", ermutigt mich Norman unermüdlich. „Das ist deine Welle! Sie kommt! Jetzt!" Wieder nichts. Peinlich! Neidisch schaue ich zu, wie Lotte, auf dem Brett balancierend, zum Strand gleitet. Nach gefühlten tausend Versuchen bin ich die Letzte im ganzen Kurs ohne Erfolgserlebnis. Norman konzentriert sich jetzt ganz auf mich. Ihn hat der Ehrgeiz gepackt, das Versprechen der Schule zu erfüllen. In ihrer Broschüre steht, dass auch Surfer ohne Vorkenntnisse nach einem Nachmittag im Wasser auf dem Brett stehen werden. Norman steht vor mir, sein Blick ist auf mich und die Wellen hinter mir gerichtet. Seine Füße fest im Sand verwurzelt, hält er mein Brett.

„Mach dir keine Sorgen. Du bist stark genug. Spielt sich alles nur da oben ab." Er zeigt auf meine Stirn. „Ich spüre

aber vor allem meine Arme!“ „Keine Ausrede! Denk dran, was wir im Sand geübt haben. Dasselbe machst du jetzt.“ Dieses Lächeln! Wie soll man sich da konzentrieren?

„Leg dich aufs Brett! Da draußen, siehst du das? Das ist deine Welle! Siehst du sie?“ Ich schaue und nicke, obwohl ich keine Ahnung habe, welche er meint. „Ich sag dir, wann du paddelst und wann du springst. Du nimmst nicht die erste Welle und auch nicht die zweite. Die dritte, das ist deine!“ Er nickt mir aufmunternd zu. „Vertrau mir!“ Und dann kommen die Wellen. Zwei ziehen unter mir durch. Norman hält das Brett. „JETZT! Paddle! Paddle! Paddle!“ Er lässt mich los. Ich paddle und paddle, bis ich seine Stimme höre: „Jump!“ Ich springe, meine Füße landen auf dem Brett. Ich stehe. Ich wackle. Ich gleite. Für ein paar Sekunden bin ich Superwoman! Glücklich falle ich ins Wasser. Norman zeigt beide Daumen hoch. „Nochmal!!!“, rufe ich.

Braungebrannt und deutlich blonder als bei der Ankunft stehen mir Lotte, Mark und Alex ein paar Tage später im Flughafen gegenüber. Ich hasse Abschiede. „Grüß die lieben Eltern von uns“, gebe ich Lotte mit auf den Weg. „Sag ihnen, dass sie auch jederzeit kommen können. Wir haben Platz.“ Wir umarmen uns. Ich spüre ihre Unruhe. Sie freuen sich auf zu Hause, Lotte auf ihren Mann, die Jungs auf ihren Vater, alle auf ihre Freunde. Wir winken uns gegenseitig zu, bis sie hinter den Metalldetektoren verschwinden. Mir ist schwer ums Herz.

Als ich mit offenem Verdeck und Fahrtwind im Haar am Meer entlang zurückfahre, vorbei am Pier mit dem Riesenrad und an Surfern, die im Meer auf die nächste Welle warten, vermisse ich sie schon. Gleichzeitig denke ich: Am liebsten möchte ich hier nie wieder weg.

September

Über ein halbes Jahr lebe ich nun in Kalifornien und kann mich inzwischen recht gut zurechtfinden. Zwei Freeways sind die Hauptlinien in meinem Koordinatensystem: „The Ten“ und „The 405 – Four-O-Five“, wie sie es hier nennen. Das ist übrigens auch eine kalifornische Spezialität: Im Gegensatz zur Ostküste haben Freeways hier einen Artikel. Die 405 ist die Nord-Süd-Achse. Sie verläuft parallel zum Meer. Die Zehn ist die Ost-West-Achse zwischen Downtown Los Angeles und dem Meer. Sehe ich rechts neben mir Hügel mit dem Hollywood-Zeichen, weiß ich, dass ich gen Westen Richtung Pazifik fahre. Glänzen rechts die Wolkenkratzer der Innenstadt, fahre ich Richtung Norden. Sehe ich rechts nur blauen Himmel hinter Hausfassaden, liegt dahinter das Meer und ich fahre Richtung Süden.

Zugegeben: Am Anfang waren die Stadtautobahnen, die sich wie Tentakeln eines Mega-Tintenfischs über Los Angeles ausbreiten, verwirrend. Inzwischen würde ich am liebsten jeden Tag auf Entdeckungsreise in ein anderes Viertel fahren. Dabei stoße ich dann allerdings auf das größte Problem in Los Angeles: Stau. In ihm landet man in dieser Stadt überall und zu jeder Tages- und Nachtzeit. Vor Kurzem stand ich mitten in der Woche nach Mitternacht beim Wechsel von der 405 auf die Zehn zwanzig Minuten lang auf der Rampe hinter einer Schlange glühend roter Bremslichter. Was tun all diese Leute um diese Zeit auf der Straße?

Die Vorstellung, bei schönstem Wetter ewig im Auto zu sitzen, hält mich unter anderem davon ab, zu Kinopremie-

ren in Hollywood zu fahren. Die Philharmonie und die Freiluftbühne der Hollywood Bowl sind großartige Konzertorte, aber es dauert von der Westside Ewigkeiten, dorthin zu kommen. Und wie gesagt: Öffentliche Verkehrsmittel sind von den Pacific Palisades keine gute Option. Das U-Bahnnetz wird zwar gerade ausgebaut, und die Verbindungen zwischen wichtigen Verkehrspunkten werden spürbar besser. Wer aber abseits lebt wie ich, wartet unter Umständen stundenlang auf Busse.

In meinen ersten sechs Monaten Kalifornien habe ich noch ein paar andere Sachen gelernt. Erstens: In Los Angeles sprechen alle permanent von der Industry. Gemeint ist damit das Filmgeschäft. Gefühlte neunzig Prozent der Stadt haben irgendetwas mit dieser Industry zu tun. Der Rest arbeitet schwer daran, dazuzugehören.

Zweitens: In Südkalifornien kann man bedenkenlos das ganze Jahr Freiluftveranstaltungen planen: Gartenpartys, Strandspaziergänge, Wanderungen und Hochzeiten. Es regnet tatsächlich so gut wie nie. Gleichzeitig ist es ratsam, immer einen Pulli dabeizuhaben. Abends wird es überraschend kühl. Außerdem stellen Kinos, Restaurants und Supermärkte ihre Klimaanlagen gerne auf Temperaturen nahe dem Gefrierpunkt.

Drittens: Pünktlichkeit ist eine deutsche Tugend, die hier nicht geschätzt wird. Eine Viertelstunde zu spät ist genau rechtzeitig. Eine halbe Stunde Verspätung wird erwartet. Wer noch später kommt, murmelt etwas vom schrecklichen Verkehr, und alle nicken verständnisvoll.

Viertens: Wer etwas auf sich hält, gibt Gästen am Ende einer Party zum Abschied eine Gift-Bag, eine Geschenketasche. Ich habe dank Gift-Bags unseren Haushalt schon mit einem Kuchenheber, vier Kaffeetassen und zwei Gesichtscremes aufgestockt. Es soll auch Veranstaltungen geben, bei

denen Ledertaschen mit Diamanten, Kaschmirschals und Luxusbademänteln überreicht werden. Zu diesen Events werde ich mich noch hocharbeiten!

Fünftens: In Kalifornien ist es völlig in Ordnung, in Jogginganzug oder Aerobic-Outfit in den Supermarkt, ins Luxusrestaurant oder ins Museum zu gehen. Das bedeutet nicht, dass Äußerlichkeiten keine Rolle spielen. Im Gegenteil! Kalifornier sind fit, haben keine Falten und zeigen gerne ihre perfekt aufgereihten weißen Zähne. Sie gehen dafür zum Yoga und unters Skalpell, meditieren und lassen Botox spritzen. Ich bin inzwischen gut darin, ein Gegenüber mit Donald-Duck-Lippen und aufgerissenen Augen unter hochgezurrten Brauen nicht mehr anzustarren.

Für mich selbst ist mein größter Luxus die monatliche Maniküre-Pediküre. Vietnamesinnen beherrschen die Branche. Wir verständigen uns mit Händen und Füßen. Meine Augenbrauen lasse ich von einer deutschen Kosmetikerin zupfen: Hildegard, burschikose Kölnerin Mitte fünfzig mit rauem Humor und samtweichen Händen. Sie habe schon Haare aus den intimsten Körperregionen von Hollywoodstars entfernt, vertraut sie mir an – Namen darf ich hier nicht nennen. Ihr Hauptgeschäft macht Hildegard mit Surfern, die sich den Rückenpelz wegwachsen lassen, damit sie leichter in ihre Wetsuits kommen. Sie nennt sich Hilde, weil den Rest ihres Namens hier sowieso niemand aussprechen kann. Ihr „Salon“ ist das lichtdurchflutete Wohnzimmer ihrer Wohnung in Santa Monica. Während ich mit geschlossenen Augen auf dem Massagetisch liege und Hilde mir die Augenbrauen zupft, erzählt sie aus ihrem Liebesleben. Das hört sich für mich exotisch an und sehr anstrengend. Hilde hat einen zwanzig Jahre jüngeren französischen Liebhaber, der von seiner klapperdürren Frau alle zwei Wochen für eine Nacht in ihre warmen, fülligen Arme

flieht. Außerdem trifft sie einen Wall-Street-Broker, der auf Geschäftsreise in Beverly Hills absteigt, und sie bucht Dates über einen Online-Dienst. Zweimal war Hilde verheiratet. Bei der Vorstellung von einem festen Freund oder gar dritten Ehemann bekommt sie Panikattacken. „Ich kann's nicht leiden, wenn jemand beim Frühstück mit mir quatscht." Sie erzählt von durchgetanzten Club-Nächten, Frühstücksausflügen in die Wüste, Cyber-Sex und einer Hochzeit in Las Vegas. Dann schließt sie mit den Worten: „Sei froh, dass du deinen Bennie hast. Hier sind alle mit ihrer Karriere beschäftigt und immer auf der Suche nach dem besseren Deal."

Ich bin froh! Vor Kurzem hat Ben mir Raiders-Fan-Utensilien für unseren Trip zu meinem ersten Football-Spiel mitgebracht: ein silbergraues Trikot, passende Federohrringe, Ketten und einen Schal. In ein paar Tagen geht es los.

Weil wir zwei Wochen unterwegs sein werden, kommt eine Vertretung für mich aus Deutschland eingeflogen. Harald ist Ende fünfzig und seit ewigen Zeiten in der Politikredaktion. Ich erinnere mich vor allem an sein verqualmtes Arbeitszimmer im Funkhaus. Und an seine tiefe Mikrofonstimme, der man anhört, dass ihn nichts mehr erschüttern kann. Harald wird in einem Hotel wohnen und im Studio arbeiten. Zwei Tage vor unserer Abreise kommt er zur Übergabe. Nina und ich gehen mit ihm den Tagesablauf durch. Beim Lunch auf der Terrasse zieht er die Schuhe aus, lässt sich das Gesicht von der Sonne bestrahlen und inhaliert mit geschlossenen Augen tief seine zigste Zigarette. Mein Hertha-BSC-Aschenbecher kommt wieder zum Einsatz. „Du wirst dich hier umstellen müssen", sagt Nina und schnorrt einen Glimmstängel. „Die Leute finden nichts dabei, wenn du kiffst. Wenn du rauchst, bist du ein Monster."

Es ist Labor-Day-Weekend, das letzte Wochenende der US-Sommerferien. Alle Strände und Nationalparks sind überfüllt. Deshalb haben wir für die ersten zwei Nächte Unterkünfte gebucht. In San Francisco gibt es kein bezahlbares Zimmer mehr. Wir übernachten in Oakland, auf der anderen Seite der Bucht, nahe beim Football-Stadion.

Erstmal fahren wir aber wieder den PCH die Küste hinauf. Ich werde von der Strecke nie genug kriegen! Santa Barbara ist mal wieder unser Mittagszwischenstopp. In Pismo Beach biegen wir ab zum Lieblings-Café aus unserem ersten Kalifornien-Wein-Urlaub: „Joe Momma's Coffee" mit Blick aufs Meer und erstklassigem Cappuccino. Eine Stunde später fahren wir auf den Parkplatz unserer ersten Unterkunft. Es ist ein Bed-and-Breakfast aus kleinen, pastellgelb gestrichenen Bungalows in Cambria direkt am Meer. Zur Begrüßung gibt es selbstgebackene Rosinenkekse. Eisblaue Vögel streiten sich um die heruntergefallenen Krümel. Einer lässt sich krächzend auf meiner Schulter nieder. Wir werfen das Gepäck in unser Häuschen und ziehen los. Auf einem Holzsteg spazieren wir zwischen Kräuterbüschen und Dünen direkt am Wasser entlang. Es duftet nach Salbei, Rosmarin und Lavendel. Zwischen den Sträuchern rascheln Eidechsen und hüpfen Kaninchen. Wellen krachen ans Kliff. Mit sanftem „Shhhhhhhhhh" strömen sie aus Kiesbuchten zurück in den Pazifik. Heiseres Bellen lockt unseren Blick auf dunkle Felsen unter uns. Eine ganze Seelöwenkolonie weicht dort mit Minimalbewegungen von Schwanz und Kopf den Wellen aus. Gleichzeitig gleiten auf Augenhöhe Pelikane an uns vorbei. Wie die Seelöwen halten wir unsere Nasen dem Wind und der Sonne entgegen.

„Wollt ihr ein Foto von euch beiden?", unterbricht uns eine muntere Frauenstimme. Sie gehört einer schon recht

betagten Wanderin. Sie ist höchstens einen Meter sechzig groß, trägt Stock, Minirucksack und Turnschuhe. Ihre ins Gesicht gegerbten Falten erzählen von einem Leben voller Lachen und Sonne. „Das wäre wunderbar." Ich halte ihr mein Smartphone entgegen. Sie erzählt, dass sie in Cambria geboren ist. „82 Jahre lebe ich hier. Seit zwanzig Jahren mache ich abends meine Runde, und jedes Mal sieht alles anders aus: das Meer, der Himmel, die Felsen, das Licht auf den Bergen." Als sie erfährt, dass wir nur eine Nacht in Cambria bleiben, empfiehlt sie uns ein Lokal 200 Meter entfernt von unserer Pension. „Da habt ihr die beste Sicht im Ort auf den Sonnenuntergang. Trinkt auf der Terrasse einen Cocktail und bestellt einen Tisch fürs Dinner danach." Genauso machen wir es und fallen wenige Stunden später wunderbar gesättigt von Ökosteak und -gemüse sowie beschwipst von Rotwein und frischer Luft ins Bett.

Um acht Uhr morgens klopft es an unsere Tür. Ich öffne. Auf einem Hocker vor unserem Bungalow steht das Frühstückstablett: Kaffeekanne, Brotkorb, Orangensaft, Honig, Marmelade, Eier und Käse. Mich fröstelt. Ich schaue hoch und sehe nur Nebel, Grau- und Brauntöne. Vogelzwitschern, Seehundebellen und Wellenrauschen sind gedämpft. Es ist das perfekte Wetter, um sich nochmal im Bett umzudrehen. Aber wir wollen weiter. Nach Oakland sind es nochmal gut vier Stunden. Wenn alles gut geht. Ohne Pause. Es geht nie alles gut. Und wer will diese Strecke schon ohne Pause fahren?

Unser erster Stopp sind die Seehunde und Seelöwen in der Bucht der weißen Felsen – Piedras Blancas. Die Terrasse von Lucia ist der perfekte Ort für unsere Mittagspause. Bevor die Straße weg von der Küste ins Landesinnere führt, werden die Klippen niedriger und die Buchten wieder zu langen Stränden. Wir halten noch einmal am Wasser. Die

Strömung ist zu stark zum Baden. Nach einem langen Spaziergang fahren wir über eine kurvige Landstraße durch sanfte Hügel zum Freeway. Dort erwartet uns das komplette Kontrastprogramm: Lärm, Stau und Stress auf der Autobahn nach Silicon Valley und San Francisco. Beides lassen wir links liegen und folgen den Schildern nach Oakland.

Bis vor Kurzem hatte diese Hafenstadt noch den Ruf des kleinen Punkbruders von San Francisco mit Industriehafen, Lagerhallen und Containerschiffen statt Souvenirläden Feinschmeckerrestaurants, europäischem Flair, und Segelbooten. Doch mit den immer teureren Mieten und Immobilienpreisen auf der anderen Seite der Bucht breiten sich auch hier mehr und mehr High-Tech-Beschäftigte und mit ihnen Starbucks, Yoga-Studios und vegetarische Restaurants aus. Die Gegend am Raiders-Stadion ist von dieser Entwicklung noch weit entfernt. Wir fahren auf vierspurigen Straßen vorbei an gesichtslosen Bürofassaden und Fast-Food-Restaurants. Die Hotellobby ist fest in den Händen von Football-Fans. „Raider-Nation!", schallt es uns aus der Bar entgegen. Wohin ich schaue, sehe ich die Mannschaftsfarben Schwarz und Silber auf Koffern, Lederjacken, Schals, Wimpeln und Luftballons.

Zum Frühstück tragen Ben und ich Raiders-Schirmmützen und Raiders-T-Shirts. Ich habe außerdem meinen Fan-Schal, Ohrringe und Ketten angelegt. Im Fahrstuhl treffen wir Hardcore-Fans aus Kansas. Die beiden Ehepaare haben Dauerkarten, fliegen zu jedem Spiel der Mannschaft. „Kansas? Das ist doch mindestens 2000 Kilometer entfernt von Oakland?!", frage ich erstaunt. „Wir sind Raiders-Fans, seit wir in Los Angeles studiert haben", erzählt einer der Männer. „Los Angeles?" Ich verstehe noch immer nichts. Ben erklärt mir, dass die Raiders von 1982 bis 1994 in Los Angeles gespielt haben. Dann sind sie nach Oakland zu-

rückgezogen. „Wie? Das ganze Team ist zweimal umgezogen?" Ich lerne, dass das öfter im US-Profisport vorkommt, nicht nur im Football. „Die Los Angeles Lakers waren mal das Basketball-Team von Minneapolis!" Ben zieht mich in eine ruhige Ecke am Frühstücksbuffet. Dort stehen auch ein paar Pittsburgh-Fans in gelben Trikots. Provokationen und Hänseleien fliegen durch den Raum. Abgesehen davon bleibt alles friedlich.

Direkt nach dem Frühstück checken wir aus, fahren los und stehen direkt in einem Mega-Stau. Im Stop-and-go-Rhythmus geht es bis zur Arena. Die Parkplätze rund ums Stadion sind dicht. Wir parken für 35 Dollar auf einem unebenen ausgetrockneten Feld neben dem Freeway und folgen der Meute. Vorbei an Straßenhändlern mit Fahnen, Trikots, Tröten, Schals, Cola, Wasser und Chips treiben wir zur Arena. Auf dem Gelände davor geht es zu wie auf einem Jahrmarkt. Massen drängeln vorbei an Klapptischen unter Zeltkonstruktionen. Fans bedienen sich aus Riesenschüsseln mit Bohnen-, Kraut- und Kartoffelsalat sowie aus Bierfässern mit Raiders-Logo. Sie setzen sich damit auf die Ladeflächen ihrer Pick-up-Trucks. Durch die Luft ziehen Duft und Rauch von gegrillten Hamburgern und Hot Dogs.

„Ben! Christina!", schallt es plötzlich durch die Menge. Es sind unsere neuen Freunde aus dem Hotelfahrstuhl. Auch sie haben natürlich ein Raiders-Zeltdach über dem Kopf, den Grill auf Hochtouren und offensichtlich schon einiges gebechert. „Das ist Christina aus Deutschland. Es ist ihr erstes Football-Spiel!", stellen sie mich jedem vor, der in meine Nähe kommt. Eine grauhaarige Frau Mitte sechzig mit Raucherstimme, goldenem Kreuz und silbernem Totenkopf über ihrem figurbetonten Raiders-Piraten-Trikot malt mir dicke schwarze Streifen unter die Augen. Ben fachsimpelt über Strategie und Taktik. Ich verstehe kein Wort,

kenne nur ein paar Grundregeln. Der Quarterback ist sozusagen der Chef der Mannschaft. Er bekommt beim Anpfiff das Leder-Ei zuerst und wirft es jemandem zu. Manchmal rennt er auch selbst mit dem Ball, bis ihn ein Gegner zu Boden zwingt. Ziel des Spiels ist es, das Ei über die Linie am anderen Ende vom Feld zu werfen oder zu tragen. Es gibt sieben Punkte für einen Touchdown und drei Punkte für ein Field Goal.

Abgesehen davon sehe ich einfach nur massige Männer, die in Körperpanzern aufeinander zurasen, mit voller Kraft gegeneinander brettern und sich um das Ei balgen. „Ich kenne mich besser im Fußball aus, im Soccer", erkläre ich und ernte mitleidige Blicke. „Soccer ist für Sissies!" Kurz will ich ansetzen zur Schimpftirade über Fußballignoranten und die einzige Nation, die das genialste Spiel der Welt einfach nicht kapiert. Beim Blick in die Gesichter wird mir schnell klar: Dies ist nicht der richtige Zeitpunkt, unseren deutschen Nationalsport zu verteidigen.

Enttäuscht sind unsere neuen Freunde, als wir das zweite Bier ablehnen. Sie verabschieden uns mit ungestümen Umarmungen und „Raider Nation!"-Rufen. Wir schlendern weiter über den Parkplatz zu unseren Plätzen im Stadion und schauen den Spielern beim Aufwärmen zu. Neben mir sitzt eine kurzhaarige pummlige Mittdreißigerin in Raiders-T-Shirt und -Kappe. Neben Ben thront ein athletischer Zwei-Meter-Mann mit Gesichtsbemalung und Irokesenschnitt. Als der hört, dass ich aus Deutschland bin, hält er mir seine Hand entgegen: „High Five!" Ich klatsche mit meiner Hand dagegen und antworte: „Raider Nation!"

Plötzlich dröhnt gespenstisches Glockenläuten aus allen Lautsprechern durch die Luft. Alle Fans stehen auf, schwenken ihre Schals, klatschen und johlen. Zum Intro von AC/DCs „Hells Bells" tauchen die Raiders aus dem

Dunkel des Tunnels ins Sonnenlicht. Das ist keine Mannschaft. Das ist eine Armee in Silber und Schwarz. Ich habe Gänsehaut. Und johle mit.

Anpfiff!

Das Spiel gegen die Steelers läuft unerwartet gut. Die Raiders-Fans sind völlig aus dem Häuschen, denn eigentlich sind sie Niederlagen gewöhnt. Überschwänglich feiern sie jeden Punkt. Das Wetter ist perfekt für ein Football-Fest. Es ist wolkenlos. Die Sonne scheint bei 25 Grad. Unser Block ist gut gelaunt, bis die Pittsburgh-Fans gegen eine Schiedsrichterentscheidung protestieren. Raiders-Fans übertönen sie mit lauten Buhs. Die inzwischen sehr beschwipste Frau neben mir hält einem Steelers-Fan ihre Faust unters Kinn und zischt wilde Beschimpfungen durch ihre Lippen. Ich werde etwas unruhig. Doch beim nächsten Raiders-Touchdown jubelt sie wieder, dreht sich um zu ihrer Freundin und die beiden verschmelzen in einem langen Zungenkuss. Was für eine bunte Welt!

Die Raiders gewinnen. „Du kommst ab jetzt zu jedem Spiel", sagt der Irokesen-Mann, „du bist unser Glücksbringer!" Begleitet von „Raider-Nation"-Rufen taumeln wir mit den glücklichen Massen aus dem Stadion zum Parkplatz. Die Sonne geht unter, als wir an unserem Auto stehen. Der Plan war eigentlich, über die Brücke nach San Francisco zu fahren und dort ein Hotel zu finden. Doch das sieht angesichts der verstopften Straßen nach keiner guten Idee aus. Wir biegen zum nächsten Motel ab, feiern in der Kneipe nebenan meinen gelungenen Football-Einstand und stellen fest, dass uns mehr nach Roadtrip zumute ist als nach Stadtbesichtigung. Ich breite eine Landkarte aus.

Lake Tahoe sieht nach einem interessanten Reiseziel aus, gut drei Stunden Fahrt. Wir könnten einen Zwischenstopp in Kaliforniens Hauptstadt Sacramento machen und

von dort in die Sierra Nevada fahren. Die zweite Hälfte der Strecke führt über die historische Route 50, die den Osten und den Westen des Kontinents verbindet. Siedler haben die Straße Mitte des 19. Jahrhunderts geschaffen, als sie im Goldrausch nach Kalifornien kamen. „Wir können ja auf der Rückfahrt Station in San Francisco machen“, schlägt Ben vor.

Am nächsten Morgen fährt er uns über den achtspurigen Freeway aus der Stadt. Ich lege meine Füße auf die Konsole. Wir kommen an der Universität von Berkeley vorbei, dann an Feldern, auf denen schwarze Kühe und Bullen träge in der Sonne stehen und an Viehställen, so groß wie Lagerhallen. Dauersprinkler bewässern Obst und Gemüse. Das kann nicht mehr lange gutgehen mit der „Kornkammer der USA“, wenn kein Regen kommt. Die Stauseen sind nur noch mit weniger als fünfzig Prozent der üblichen Wassermenge gefüllt. Kalifornische Städte reglementieren den Wasserverbrauch.

Das Kapitol von Sacramento ist einer dieser typisch amerikanischen Regierungssitze: weißer Kuppelbau mit hemmungsloser Imitation von griechischer und römischer Architektur. Wir fotografieren die ehemalige Wirkungsstätte von Arnold Schwarzenegger. Weiter geht's sehr geruhsam auf der kurvigen Route 50. Neben einem Flussbett cruisen wir auf und ab. Der Wald wird dichter, der Verkehr dünner und die Luft frischer. Es gibt hier deutlich mehr Grün als im ausgetrockneten Süden Kaliforniens. Für solche Strecken werden Cabrios gebaut. Zwischen Berggipfeln sehe ich weit unten eine im Sonnenlicht gleißende Fläche: Lake Tahoe. Der Verkehr wird wieder dichter. Wir sehen Skilifte, den ersten McDonald's-Imbiss, Supermärkte, Ferienhäuser und Motels. Es wird Zeit, eine Unterkunft zu finden.

Die Luft am See ist herrlich kühl. Wir sind auf fast

2000 Metern Höhe. Im klaren Wasser spiegeln sich Berge und Schönwetterwolken. „Lake Tahoe wurde vor rund zwei Millionen Jahren geschaffen", lese ich auf einem Schild neben dem Parkplatz am Steg. „Was wir heute sehen, entstand im Eiszeitalter. Es ist der größte alpine See in Nordamerika, an der tiefsten Stelle 500 Meter tief, etwa 35 Kilometer lang und neunzehn Kilometer breit mit 116 Kilometern Ufer. Davon gehören zwei Drittel zu Kalifornien und ein Drittel zu Nevada."

„Sind hier nicht auch Kasinos?" Ben hat eine Leidenschaft für Pferderennen und Pokerspiel. „Die sind in Nevada. Wir sind in Kalifornien." „Wahrscheinlich gibt es billigere Hotels und jede Menge All-You-Can-Eat-Buffets. Sie wollen doch bestimmt Zocker anlocken." „Genau deshalb möchte ich lieber auf dieser Seite vom See bleiben."

Wir finden eine Unterkunft mit Badewiese. Ich ziehe die Schuhe aus und fühle mit meinem Zeh die Wassertemperatur. EISIG! Wir legen uns in die Sonne, spazieren am Ufer entlang, kaufen Eis in der Tüte, bummeln durch Souvenirläden und setzen uns auf eine Bank am Steg – wie ein altes Ehepaar.

„Wir müssen nach Emerald Bay", sage ich beim Frühstück, bevor Ben Kasinopläne schmieden kann. Vor unserem Balkon gleiten Segelboote über die glatte Wasserfläche. „Emerald Bay?" Ich lege Postkarten auf den Tisch, die ich am Tag vorher gekauft habe: eine Bucht mit weißem Strand, ein Pier, eine malerische Mini-Insel mittendrin, drumherum Berge und ein Wald aus majestätischen Kiefern und Zedern. Es gibt dort auch ein kleines Schloss. „Vikingsholm Castle", lese ich auf einer Postkartenrückseite. „Sieht gut aus!"

Die Fahrt parallel zum Ufer erinnert mich an Familienausflüge in den Schwarzwald. Nur ist mal wieder alles größer als in Deutschland – die Bäume, der See, selbst die

Schilder zu Wanderwegen und Aussichtsplätzen. An ihnen schauen wir über türkis- bis tiefblauem Wasser zu Bergketten, setzen uns auf Granitfelsen in die Sonne und lehnen uns an dicke bemooste Baumstämme. In der Bucht neben dem Schloss schauen wir zwei blonden Jungs zu, die im flachen eiskalten Wasser planschen, als wäre nichts dabei. Ihre Eltern sitzen neben einer Kühltruhe auf dem Steg, essen Chips aus der Tüte und schlürfen Cola aus Halbliter-Bechern. Sie erzählen uns, dass sie aus Minnesota sind und das Schloss besichtigen wollen. Die nächste Tour beginne in zwei Stunden. „Das ist bestimmt was für dich", sagt die Frau und zeigt auf mich. „Das hat eine Schwedin vor hundert Jahren gebaut. Bist du aus Schweden?" „Deutschland." „Oh toll! Wir haben unsere Hochzeitsreise durch Deutschland gemacht: London, Paris, München, Rom und Venedig." Ich nicke freundlich, und wir fahren weiter, auf dem „Lake Tahoe Scenic Drive" rund um den See mit herrlichen Aussichtspunkten, Wanderwegen und Campingplätzen. Wir machen immer wieder Pause, staunen über die weiten Blicke und landen am Abend in einem Fischrestaurant nur wenige Minuten entfernt von unserer Unterkunft.

„Im Gegensatz zur weitverbreiteten Meinung war die Besitzerin von Schloss Vikingsholm, Mrs. Knight, keine Skandinavierin, sondern aus Galena, Illinois", lese ich bei frischer Forelle aus meinem Reiseführer vor. „Emerald Bay erinnerte sie an Fjorde, die sie auf Reisen durch Norwegen, Schweden, Finnland und Dänemark gesehen hatte. Mrs. Knight beauftragte ihren Neffen, das Schloss im Stil skandinavischer Bauweise zu entwerfen. Sie bezog Schloss Vikingsholm 1930 als Sommerresidenz, hatte immer viele Gäste, fünfzehn Angestellte und verbrachte ihre Sommer am See, bevor sie im Alter von 82 Jahren 1945 starb." Der Wandertipp neben der Schlossbeschreibung ist interessant: „Mittelschwere Wan-

derung, hin und zurück 1,8 Meilen zum Eagle Lake vom Parkplatz in Emerald Bay. Für Kinder geeignet, Hunde erlaubt. Wasserfälle, Wildblumen, herrliche Aussichten", lese ich vor. Den Hinweis „teilweise steil, besser mit solidem Schuhwerk" unterschlage ich.

Ben besteht am nächsten Morgen darauf, die Badesachen mitzunehmen. „Da steht Lake. Also kann man da schwimmen." „Er ist aber noch höher als Lake Tahoe, also bestimmt noch kälter", wende ich ein. „Er ist aber sicher auch kleiner, also vielleicht wärmer." Im Supermarkt holen wir uns Sandwiches und Äpfel, Wasser und Salzstangen. Im Führer steht, dies sei eine der beliebtesten Wanderungen am See. Doch am Parkplatz steht nur eine Handvoll Autos. Der Weg geht direkt steil hoch in den Berg und wird zu einer in die Felsen geschlagenen Treppe. „Eagle Falls" steht auf einem Holzschild neben einer Brücke. Vom Wasserfall ist nur ein Rinnsal übrig geblieben. Wir gewinnen über die Felsen schnell an Höhe. Dann beginnt ein enger Pfad, die Steigung ist nur noch minimal.

Die Sonne scheint unerwartet stark auf uns herab. Schatten gibt es kaum noch. Die Luft ist dünn. Ben hält neben einem Baumskelett. Unsere Umgebung sieht aus, als hätte dieser Bergabschnitt vor Kurzem gebrannt: dünnes, helles Grün bahnt sich seinen Weg durch verkohlte Baumrinden. Ich trinke gierig Wasser. Der Weg wird eben, führt durch einen kleinen Wald mit weichem Gras, und plötzlich stehen wir vor dem klarsten Bergsee, den ich je in meinem Leben gesehen habe. Ein Angler versucht sein Glück am Wasser. Eine Familie hat ihr Picknick ausgepackt. Ansonsten ist niemand zu sehen. Wir biegen auf einen schmalen Pfad am Wasser ab und finden einen Felsen, perfekt, um unsere Handtücher auszubreiten. Wir schauen ein paar Minuten sprachlos über das spiegelnde Wasser auf

die Berge, auf schneebedeckte Gipfel in der Ferne. Ich stecke meinen Fuß vorsichtig in den See. Kalt. Eisig. Erfrischend. Verlockend! Ben schaut mich fragend an. Ich nicke.

Mein Herz bleibt kurz stehen, als ich ins Wasser tauche. Dann schwimme ich los, kraule schnell, um warm zu bleiben, drehe mich um. Ben ist direkt neben mir. Wir schwimmen zurück zum Ufer. Ben springt vom Felsen mit einem Köpfer zurück in den See. Ich hinterher. Erschöpft lassen wir uns von der Sonne trocknen. Ich will hier nie wieder weg.

Im Abendlicht wandern wir zurück zu unserem Auto, und ein paar Tage später packen wir schon wieder für den Rückweg nach Los Angeles ein.

„Was ist jetzt mit San Francisco?", fragt Ben an unserem letzten Abend. Ich schüttle den Kopf. „Keine Lust! Und ich muss da nächsten Monat sowieso für eine Geschichte hin." Ich soll einen Beitrag über die Vorherrschaft der weißen Männer in der Tech-Industrie machen. „Ich fand Cambria eigentlich sehr schön", sagt Ben. „Einverstanden!" Und damit machen wir uns über Land und Küste auf den Rückweg nach Los Angeles.

Beim Blick auf den Sonnenuntergang stoßen wir auf unserer Terrasse auf den gelungenen Urlaub an. „Auf das wunderschöne Kalifornien!", sagt Ben. „Wo fahren wir als Nächstes hin?"

Oktober

„Na, haste deinen Freund mal wieder versteckt?“, fragt mich der Hausfotograf vom Generalkonsulat und drückt auf den Kameraauslöser. Es ist der dritte Oktober, und ich stehe in einer Schlange vor einem Klapptisch, an dem Praktikantinnen die Namen ankommender Besucher mit einer langen Gästeliste vergleichen. „Gibt's den Freund überhaupt?“

Genau zwei Mal hat mich Ben auf beruflichen Terminen begleitet. Er ist zu einem Kinoabend im Goethe-Institut mitgegangen und zu einer Führung im Wende-Museum durch deren Archiv für Alltagskultur des Kalten Kriegs. „Wenn du möchtest, komme ich mit“, hat er auch heute gesagt. Aber ich weiß: Lust hat er keine. Selbst die Aussicht auf ein Buffet aus Laugenbrezeln mit süßem Senf, Curry-, Bock- und Bratwurst mit Sauerkraut, Moselwein und Jägermeister kann ihn nicht locken.

Deshalb gehe ich alleine am Empfangskomitee vorbei, das unter der Pergola Spalier steht, und schüttle Hände: Generalkonsul und Frau, Vizegeneralkonsul für Kultur und Frau, Direktor des Goethe-Instituts und Frau, eine Vertreterin des Stadtrats und die Vorsitzende der Los-Angeles-Berlin-Partnerschaftskommission. Einige der Gäste, die sich mit Sektgläsern in der Hand im Garten versammelt haben, kenne ich schon. Es kommen anscheinend immer die üblichen Verdächtigen zu diesen Veranstaltungen, und ich bin nun eine davon. Heute sind allerdings mehr Promis dabei. Ich sichte Regisseur Werner Herzog, Schauspieler Jürgen Prochnow, Uschi Obermaier aus der Kommune 1

und Elke Sommer. Ist das da drüben Brigitte Nielsen? Der braungebrannte Herr hinter ihr im navyblauen Anzug mit gelbem Seideneinstecktuch und passender Krawatte kommt mir auch irgendwie bekannt vor. „Das ist der Prinz von Anhalt. Frederic Prinz von Anhalt. Adoptierter Prinz. Für den Titel hat er viel Geld hingelegt. Aber dann hat er auch die Zsa Zsa Gabor gekriegt. Die wollte Prinzessin werden", klärt mich der Käsecracker knabbernde Mann neben mir auf. Zum Dreiteiler in Grautönen trägt er Cowboystiefel und schulterlanges schwarzes Haar mit Silbersträhnen. „Ich bin Andreas", stellt er sich vor und geht nahtlos zu den üblichen Fragen über: „Was machst du? Wo wohnst du?" Er wohnt in Santa Monica und ist Zeichentrickfilm-Zeichner, genauer gesagt: Experte für Haare. Das ist spannender als ich dachte. Wer ahnt schon, wie viel Arbeit hinter der Frisur von gezeichneten Action-Helden steckt, besonders wenn sie fliegen, auf dem Kopf stehen oder explodieren?

Ein Streichquartett untermalt unsere Unterhaltung, bis der offizielle Teil der Veranstaltung beginnt. Erst singt eine junge Musikstudentin ganz in weiß gekleidet die deutsche und die amerikanische Nationalhymne. Dann erinnert der Generalkonsul an die deutsche Geschichte. Zum Abschluss überreicht die Dame vom Stadtrat Urkunden an Deutsche mit besonderen Verdiensten für die Freundschaft mit Los Angeles. Dann stürmen wir das Buffet. Andreas ist im Getümmel verschwunden, und ich stehe in der Schlange zwischen einem sächsisch sprechenden jungen Pärchen – er in Lederhosen, sie im Dirndl – und einem sich mühselig am Stock vorwärts bewegenden älteren Herrn in schwarzem Samtanzug. Der fragt mich, ob es auch diesmal wieder das köstliche Spaghetti-Eis geben wird.

Ich unterhalte mich mit vielen Menschen an diesem

Abend und verlasse die Veranstaltung mit einer Handvoll Visitenkarten von Künstlern, Historikern, Exilanten und Studenten. Trotzdem habe ich auf der Fahrt nach Hause mal wieder eine Einsamkeitsattacke. Nicht, weil Ben zu Hause geblieben ist. Dass er dort auf mich wartet, ist mein größter Trost, während ich durch die Straßen von Los Angeles fahre, vorbei an Riesenreklametafeln mit vollbusigen Models, grinsenden Fernsehmoderatoren und halbverwesten Filmzombies. An roten Ampeln schaue ich in die Autos neben mir. Egal ob Luxuskarosse oder Rostlaube – niemand schaut zurück.

Am nächsten Morgen rufe ich Magaly an. Sie scheint sich zu freuen, meine Stimme zu hören und schlägt sofort vor, dass wir uns zum Bier treffen. Der Blick in unsere Terminkalender ist ernüchternd. Vor November scheint es nichts zu werden. Magaly steckt mitten in Gerichtsverfahren für minderjährige Einwanderer aus Mittelamerika. Meine Dienstreise nach San Francisco steht bevor und im November fahre ich ins Yosemite-Tal. Ein Jubiläum für den Nationalpark steht an.

„Oh, Yosemite, da will ich auch schon lange endlich wieder hin." Ich höre große Sehnsucht in Magalys Stimme. „Dann komm doch mit!" „Schön wär's. Das kann ich mir leider nicht leisten. Keine Zeit, kein Geld." „Ich muss Zimmer und Mietwagen sowieso bezahlen. Du müsstest nur Zeit haben." „Ich ruf dich gleich zurück."

Kurz drauf sagt sie zu. Wir werden zusammen in den Nationalpark fahren. Selbst wenn wir uns bis dahin nicht mehr sehen, ist das Grund für einen Freudentanz.

Eine Woche später bin ich aber erstmal endlich in San Francisco. Im Flughafen hängen neben Hinweisen auf Toiletten und Gepäckausgabe Schilder zu einem Yoga- und Meditationsraum. Ein paar Grad kühler ist es hier als in Los

Angeles. Ich hole einen Pulli aus dem Koffer, steige in die U-Bahn, genauer gesagt in einen Bay-Area-Rapid-Transit-Zug, kurz BART und widme mich eine gute halbe Stunde meiner Lieblingsbeschäftigung: Leute beobachten. Ich sehe mehr Lederschuhe als in Los Angeles und weniger Flipflops, mehr Designerhosen und kaum Shorts, Modeeinflüsse aus Asien und Europa. Je näher wir der Innenstadt kommen, desto mehr Touristen drängeln sich in den Wagen. Sie reden in unterschiedlichsten Sprachen, während die Einheimischen an Smartphones, Tablets und Laptops spielen und arbeiten. WiFi ist in San Franciscos öffentlichem Nahverkehr kostenlos zugänglich und funktioniert sogar im Tunnel.

Kurz vorm Touristenzentrum von Powell Street und Union Square steige ich aus. Die Station ist nur ein paar Blocks von meinem Hotel entfernt. In Häusereingängen dösen Bettler und Obdachlose. Das ist ja genauso schlimm wie in Los Angeles. Mindestens! Zum Glück ist mein Hotel gemütlich. Ich bekomme ein helles Zimmer mit Blick auf Blumen und Brunnen im Innenhof. Mir bleibt nur wenig Zeit bis zum Termin mit der Chefin des Unternehmens, über das ich eine Geschichte schreiben werde. Die Firma operiert aus einer kreativen Bürogemeinschaft. Ihre Mitbegründerin und Geschäftsführerin Laura ist 32 Jahre alt. Sie hat Uniabschlüsse in Kunst- und Wirtschaftswissenschaften von Harvard und Stanford, sie trifft sich zum Grillen und Verhandeln in Silicon Valley mit den einflussreichsten Investoren der IT-Branche und sie berät die US-Regierung in Sachen Innovation. Ich erwarte ein Büro mit bester Aussicht über die Stadt und liege voll daneben. Lauras Arbeitsplatz besteht aus einem Ministehschreibtisch und einer Kommode. Die Möbel stehen in einem fensterlosen Raum zwischen Topfpflanzen, Bürolampen, Flipcharts und

Schreibtischen ihrer vierzehn Mitarbeiter. „Wir haben keine Politik der offenen Tür, wir haben eine Politik ohne Tür", begrüßt sie mich lachend, die dichten schwarzen Locken mit einem Band im Nacken zusammengebunden. Zu ihrer Jeans trägt sie einen grauen Sweater mit dem Firmenlogo. Laura holt uns Kaffee aus der Gemeinschaftsküche und führt mich in eine schalldichte Kabine, gerade groß genug für einen Schreibtisch und zwei Stühle. Unsere Knie stoßen aneinander, als wir uns setzen. Die Gemeinschaft hat zehn dieser Kabinen, die sich alle Mieter teilen. Lauras Assistentin hat eine Stunde für uns gebucht.

„Wir haben uns rasanter entwickelt, als irgendjemand ahnen konnte. Wir wachsen aus dem Büro heraus", erklärt Laura die improvisierte Struktur ihres Unternehmens. Erst vor ein paar Jahren hatten sie und ein Stanford-Kommilitone die Firmenidee. Ihr Ziel ist, die Zahl der Schwarzen und Hispanics in Jobs der Informationstechnologie drastisch zu erhöhen. Als sie anfingen, waren nur rund ein Prozent von ihnen dort beschäftigt. Es ist etwas besser geworden, aber die Zahlen entsprechen noch lange nicht ihrem Anteil an der US-Bevölkerung. Derzeit sind das dreizehn Prozent Schwarze und siebzehn Prozent Latinos. Das Ziel wollen sie spätestens im Jahr 2040 erreicht haben. In dem Jahr, so prognostizieren Statistiker, sind Weiße in den USA zur Minderheit geworden.

Die Firma nahm ihren Anfang in der Wohnung von Laura, mit einer Handvoll Studenten und ein paar Kontakten in Silicon Valley. Inzwischen bekommt sie Millionen Dollar an Fördermitteln von Google, Apple, Facebook und Co. Diversity ist nicht nur in Hollywood ein heißes Thema. „Die weißen Männer, die die Film- und Technologiebranche beherrschen, haben erkannt: Menschen unterschiedlichster Herkunft einzustellen ist nicht nur moralisch richtig, son-

dern auch gut für die Kasse", sagt Laura. „In 25 Jahren sind wir hoffentlich überflüssig."

Eine junge Frau klopft an die Glastür. Unsere Stunde Kabinenmiete ist abgelaufen. Wir setzen uns in den Gemeinschaftsraum und reden ohne eingeschaltetes Mikrofon über Privates. Laura hat vor Kurzem geheiratet. Mit dem Kinderkriegen will sie noch ein paar Jahre warten. „Ich bin zu oft auf Reisen. Manchmal schaffe ich es, nur fünfzig, sechzig Stunden zu arbeiten, aber selbst dann bin ich immer in Bereitschaft für unsere Studenten. Sie und ihre Eltern können mich jederzeit anrufen. Das geht bestimmt noch ein paar Jahre so."

„Habe ich richtig gehört: Du arbeitest NUR fünfzig, sechzig Stunden?" Sie grinst. „Na klar, du kannst sicher auch nicht einfach den Computer um fünf ausschalten. Es gibt immer was zu tun. Oder?" „Ja, aber mir stinkt das auch, wenn alle denken, ich soll immer zur Verfügung stehen." Laura zuckt mit den Schultern „Wenn du dein eigenes Geschäft hast, geht es eben nicht anders. Und mir macht es ja auch Spaß."

Laura muss zu einem Happy-Hour-Stammtisch mit Risikoanlegern aufbrechen. „Da kannst du nicht mit, sorry! Keine Medien. Wir müssen auch mal unter uns sein. Bis morgen." Sie wird mich dann Studenten vorstellen, die gerade das Herbstsemester der Firma absolvieren.

Mein Abendprogramm für heute ist eine Fahrt mit den Cable Cars zum Fisherman's Wharf, dem Hafenviertel. An der Drehscheibe der Straßenbahn angekommen wird meine Abenteuerlust kurz ausgebremst. Eine mindestens 500 Meter lange Schlange von Touristen windet sich von der Haltestelle den Hügel hinauf. Kurz bin ich versucht, ein Taxi zum Hafen zu nehmen, aber das geht natürlich nicht. Die Cable Cars gehören zum Pflichtprogramm beim Be-

such von San Francisco. Ich stelle mich an. Zum Glück bestätigt sich mal wieder, dass man in den USA sehr leicht mit Menschen ins Gespräch kommt. Die Wartenden stammen aus allen Ecken der Welt und sind voller Tipps, was ich in San Francisco UNBEDINGT machen muss:

„Es ist zwar 'ne Touristenfalle, aber du MUSST im Hafen Muschelsuppe essen und die Seehunde am Pier 39 sehen." – „Der Coit Tower! 360 Grad Aussicht über die Stadt und drinnen sozialistische Wandgemälde." – „Natürlich Lombard Street! Die schrägste und steilste Straße der Welt. Wir sind in den halsbrecherischen Kurven fast von unseren Motorrädern gefallen." – „Magst du Hippies? Dann musst du nach Haight-Ashbury. Das ist zwar inzwischen voller Hipster, aber du spürst noch total den Hippie-Vibe." – „Die Golden Gate Bridge natürlich!" – „Und du musst ins Baseball-Stadion!"

„Zum Rathaus! Wo der Bürgermeister 2004 die Homo-Ehe eingeführt hat." – „Mach lieber 'ne Pause im Golden Gate Park! Wusstest du, dass der größer ist als New Yorks Central Park? Es gibt einen Drum Circle, ein Karussell, und bestimmt gibt dir jemand von seinen Hasch-Keksen ab. DAS ist San Francisco!"

Bevor ich mir das alles aufschreiben kann, ist es schon Zeit, in den Waggon einzusteigen. Ich habe gelesen, es sei am besten, vorne links oder rechts auf dem Trittbrett balancierend die Fahrt zu erleben. Nach dem langen Anstehen ist mir ein Sitzplatz lieber. Ich erwische sogar einen am Fenster. Schnell ist die Bahn vollbesetzt bis zum letzten Platz. Der Fahrer klingelt mit seiner Messingglocke, und das schwerfällige Gefährt setzt sich ratternd in Bewegung, zuckelt den ersten Hügel hoch, vorbei an Geschäften, Hotels, Restaurants und einem Park. Passagiere springen an den Haltestellen von Trittbrettern ab und werden von neuen

Fahrgästen abgelöst. Dass so etwas in Amerika mit seinem Sicherheitsfimmel überhaupt erlaubt ist!

Es ist nicht die schnellste Fahrt, aber ich genieße großartige Aussichten über die Bucht. Es geht ständig bergauf und bergab quer durch die Stadt. Wir fahren durchs Russian-Hill-Viertel, wo erste russische Siedler Anfang des 19. Jahrhunderts einen Friedhof einrichteten, vorbei an der „steilsten Straße der Welt", durchs Nobelviertel Nob Hill und durch Chinatown. Von einem Hügel sehe ich die Bucht und die Gefängnisfestung von Alcatraz, später den Sonnenuntergang hinter roten Pfosten der Golden Gate Bridge. Der Fahrer unterhält uns mit ein paar Fakten über das älteste Transportmittel der USA. Ich lerne, dass tief unter unseren Schienen ein Kabel verläuft, das irgendwo in der Stadt über Räder gezogen wird, und zwar mit einer Geschwindigkeit von etwa zehn Stundenkilometern. Der Fahrer heißt offiziell Gripman und ist dafür zuständig, dass unser Wagen sich über einen Hebel, den er betätigt, dieses unterirdische Kabel greift und die Fahrt losgehen kann. 1873 fuhr das erste Cable Car über die steilen Hügelstraßen von San Francisco. Das Erdbeben von 1906 zerstörte alle Linien. Acht Verbindungen wurden wieder aufgebaut. Versuche, die Cable Cars einzumotten, scheiterten am Widerstand der Bevölkerung. Heute gibt es trotzdem nur noch drei Linien. Jedes Jahr sind darin rund sieben Millionen Fahrgäste unterwegs, die meisten davon Touristen. Seit 1964 sind die Cable Cars ein Nationaldenkmal der USA.

Von der Endstation kann ich zum Fisherman's Wharf gehen. Mit Lichterketten geschmückte Restaurants und Fischbuden werben zwischen Souvenirläden und Galerien um Kundschaft. Jeder hat angeblich die beste Muschelsuppe im Topf und die frischesten Fische auf dem Grill. Ich kaufe eine Soup-to-go und geselle mich damit zu den Seelöwen

am Ende vom Pier. Zu Dutzenden wälzen die Tiere ihre nass glänzenden Körper auf schwimmenden Plattformen hin und her und übereinander. Fast eine halbe Tonne wiegen die Riesen, informiert mich eine Plakette an der Reling. „Sie sind bekannt für ihre Intelligenz, Verspieltheit und ihr raues Bellen. Sie werden bis zu 25 Jahre alt. Eine der größten Bedrohungen für Seelöwen heutzutage sind Fischernetze aus Plastik, in denen sie sich verheddern." Ich gehe zurück zur Cable-Car-Station und mache mich schließlich auf den Weg zurück ins Hotel, vorbei an den Bettlern, dankbar für mein warmes Bett.

Nach dem Frühstück wartet in Lauras Gemeinschaftsbüro schon eine Gruppe von Studenten auf mich. Drei Monate lang pendeln sie zwischen Workshops in San Francisco und Praktika in Silicon Valley hin und her. Sie sind entweder afroamerikanisch oder haben einen lateinamerikanischen Hintergrund, studieren Informatik und Computerwissenschaften und haben alle sehr gute Noten. „Ich sehe in Vorlesungen kaum Studenten, die aussehen wie ich – schwarz und weiblich", erzählt mir eine Studentin. Sie hatte keine Ahnung, was sie nach dem Studium machen würde, bis Laura zu einem Tag der Offenen Tür an ihre Uni kam. „Ich dachte, wenn ich Glück habe, kann ich für eine von diesen coolen Firmen wie Facebook, Twitter oder Snapchat arbeiten." Jetzt will sie in ihrer Heimatstadt Detroit ein eigenes Unternehmen gründen. „Ich entwickele eine App, mit der ich Geschäfte von Afroamerikanern untereinander verbinde und natürlich auch mit potenziellen Kunden." Drei Studenten aus dem Südstaat Alabama wollen eine Soul-Food-Restaurantkette mit cooler Website aufbauen. „Richtig gutes Essen aus den Südstaaten wird es bei uns geben. Maisbrot, Grünkohl mit Schweinshaxe, Ochsenschwanzsuppe, gekochte Schweinsfüße. Warum gibt's das noch nicht,

aber überall Pollo Loco und McDonald's?" Ein Informatikstudent von der Ostküste schreibt in seinem Praktikum Algorithmen für Fitnessarmbänder. Er ist aus Nigeria in die USA eingewandert und hatte von Silicon Valley noch nie etwas gehört, bis Laura ihm und anderen herausragenden Studenten seiner Uni Einladungen schickte. In den drei Monaten des Programms lernen die Studenten einflussreiche Investoren kennen, arbeiten an konkreten Projekten, entwickeln Selbstbewusstsein und bekommen auch noch Geld dafür. „Manche Firmen zahlen Praktikanten 4000 Dollar im Monat. Plus Wohngeld. Die Mieten hier sind sonst unerschwinglich", erzählt Laura. Ihr ist es aber wichtig, dass es den Studenten um mehr geht als Geld. „Wir wollen schließlich die Welt verändern! Die Zukunft kann nur besser werden, wenn wir zusammenarbeiten." Die Studentin aus Detroit flüstert in mein Ohr: „Sag es nicht weiter, aber wir planen hier eine Revolution!" Ein geniales Schlusswort für meinen Beitrag.

Nach einem Bummel durch die Fußgängerzone gehe ich zurück Richtung Hotel. Einem Bettler, der mit bunt bemaltem Schild um Spenden bittet, gebe ich einen Fünf-Dollar-Schein. Zum Dank steht er auf und weicht mir nicht mehr von der Seite. „Eine so schöne Frau wie du sollte nicht allein durch San Francisco gehen." Er lässt sich von meiner Lüge, dass mein Mann im Hotel auf mich warte, nicht abschrecken. „Woher kommst du? Ich höre einen Akzent. Schweden?" „Knapp daneben! Deutschland." Natürlich hat auch er jetzt eine Geschichte zu erzählen. Er war als Soldat in Deutschland stationiert. „Kaiserslautern", sagt er. Von dort sei er quer durch Europa gereist. „Ich war in Rom und Neapel, Venedig und Florenz. In Paris, in London. Ich habe sogar Italienisch gelernt. Die Museen da sind großartig." Bevor ich fragen kann, wie er auf der Straße

gelandet ist, erklärt er: „Ich habe dumme Entscheidungen getroffen. Zu viel Alkohol getrunken und alles verloren. Meine Frau hat mich verlassen. Kein Wunder. Ich habe eine wunderschöne Tochter. So schön wie du!“ Sein Lächeln ist trotz zahlreicher Zahnlücken charmant. Er bietet an, mir morgen die Stadt aus seinen Augen zu zeigen. Aber ich habe schon andere Pläne: noch ein Interview, danach will ich zur Golden Gate Bridge. Wir verabschieden uns vor dem Hotel mit Handschlag.

Der Experte für Diversity in der Technologiebrache, den ich am nächsten Tag interviewe, gibt mir zum Abschied einen guten Tipp, wie ich am besten die Golden Gate Bridge besichtige: „Du fährst mit dem Bus über die Brücke und läufst zurück. Da hast du die beste Aussicht und kriegst ein Gespür dafür, wie gigantisch diese architektonische Meisterleistung wirklich ist.“ Direkt vor seinem Büro hält ein Bus, der durch die Stadt auf die andere Seite der Bucht fährt.

Gemütlich zuckeln wir durch die Straßen. Der Bus ächzt, wenn es mal wieder steil einen Hügel hoch geht. Nach zahllosen Stopps und Biegungen erspähe ich rote Pfeiler der Golden Gate Bridge. Kurz darauf stehen wir im Feierabendstau. Eine halbe Stunde später fahre ich endlich über das Wahrzeichen der Stadt. 2737 Meter ist die Brücke lang und ihre längste Stützweite beträgt 1280 Meter. Damit ist sie noch heute eine der längsten Hängebrücken der Welt.

Der Ingenieur, der die Idee für eine Hängebrücke zwischen beiden Seiten der Bucht von San Francisco hatte, musste schwer für ihre Verwirklichung kämpfen. Joseph Strauss präsentierte seinen Plan zum ersten Mal 1921. Politiker und Bürger fanden das Projekt zu teuer. Geologen warnten, der Boden sei für das Gewicht der Konstruktion

zu schwach. Ingenieure warnten, der Wind sei zu stark, und die Navy warnte vor zu dichtem Nebel, in dem Schiffe gegen die Brücke donnern würden. Fährunternehmen bangten um ihr Geschäft mit den 50 000 Passagieren, die sie jede Woche zu Ausflugszielen im Norden der Bucht und zurück brachten. Im Januar 1933 begannen dann aber die Bauarbeiten. Es war die Zeit der großen Depression in den USA. Männer kamen aus allen Himmelsrichtungen, um beim Bau zu helfen. Sie durften keine Höhenangst haben, mussten stark sein und schwer arbeiten. Elf Männer starben während der vier Jahre langen Bauarbeiten. Über 850 000 Tonnen Stahl wurden verarbeitet. Heute kann man sich die Brücke gar nicht anders als rot vorstellen, aber um diese Farbe wurde lange gestritten. Sie ist auch gar nicht rot, sondern hat laut offizieller Farbterminologie eine Grundierung in „internationalem Orange“. Die Farbe wurde von der Notlösung zum Markenzeichen.

Ich verpasse angesichts des großartigen Ausblicks über Bucht, Segelboote, Container- und Ausflugsschiffe, Alcatraz, Häuser von San Francisco und sanfte Hügel von Marin County fast meine Haltestelle. Am Aussichtspunkt gegenüber der Stadt parken Reisebusse in Doppelreihen. Amateurfotografen auf der Jagd nach dem besten Bild klettern auf die Mauer am Abgrund. Touristen stehen an Fernrohren Schlange. „Möchtest du, dass ich ein Foto von dir mache?“, fragt ein junger Mann. Während er mich in eine gute Position dirigiert, erzählt er, dass er mit seiner ganzen Familie aus Indien unterwegs ist: Vater, Mutter, zwei Schwestern und ein Bruder sind zu Besuch. Die wunderschönen, farbenfrohen Gewänder der Frauen flattern im Wind, ihre Haare fliegen in alle Richtungen. Sie lachen ausgelassen und winken mir fröhlich zu. „Studierst du Computerwissenschaften?“ Er schüttelt den Kopf. „Nein, ich leite ein Kunst-

programm für obdachlose Familien. Wir haben ein paar Wohnungen und helfen ihnen bei der Jobsuche. Unser Schwerpunkt ist aber Malen, Theater und Musik." Er gibt mir seine Visitenkarte. Als ich ihm sage, dass ich Journalistin bin, lädt er mich ein, am nächsten Tag vorbeizukommen. „Leider keine Zeit, ich fliege am Vormittag zurück. Aber vielleicht beim nächsten Mal."

Während andere Besucher die Schultern einziehen und sich Kapuzen über den Kopf ziehen, halte ich mein Gesicht dem Wind entgegen und gehe los, auf den Spuren der ersten Fußgänger über die Golden Gate Bridge. 200 000 Menschen erstürmten am 27. Mai 1937 die Brücke. Einer schaffte es irgendwie, sich mit seinem Pferd unter die Passanten zu mischen. Am nächsten Tag fuhren Autos von beiden Seiten über die Fahrbahn.

Fast zwei Milliarden Fahrzeuge haben seither die Brücke überquert. Die Fußgänger und Radfahrer kann keiner zählen. Über die hüfthohe Reling schaue ich hinunter zum Pazifik. Gegen den Wind lehnende Segelboote springen über raue Wellen. Containerschiffe aus China pflügen durch die Bucht zum Hafen von Oakland.

Mehr als 1400 Menschen haben sich von der Brücke aus siebzig Metern Höhe in den Tod gestürzt. Ich schaue schnell nach oben. 227 Meter ragen die Stahlpfeiler in den Himmel. Ihr Rot ist ein toller Kontrast zum wolkenlosen Blau. Wer die Stahlkabel, an denen die Brücke hängt, nicht selbst gesehen hat, kann sich nicht vorstellen, wie dick und stabil die sind: sie haben einen Durchmesser von 92 Zentimetern. Trotzdem kommt es mir vor, als würde die Brücke schwanken. Der Wind wird stärker, je weiter ich mich vom Ufer entferne. Der Verkehr rollt ungeheuer lärmend neben mir. Romantisch ist dieser knapp drei Kilometer lange Spaziergang nicht, aber definitiv ein unvergessliches Erlebnis!

Im Dunkeln komme ich zurück ins Hotel. Es gibt noch so viel, was ich von San Francisco sehen möchte. Für diesmal muss es reichen. Ich komme garantiert zurück und schau mir die Stadt noch einmal aus anderen Perspektiven an.

November

„Notice of Filming“, steht auf dem türkisfarbenen Zettel, der an der Tür klebt, als ich morgens die Zeitung ins Haus hole. Sie ist inzwischen jeden Tag gefühlte zwei Kilo schwer. Die Oscar-Saison hat begonnen, und Nachrichtenartikel gehen unter zwischen ganzseitigen Anzeigen für Filme, Schauspieler, Regisseure und Autoren. Gut drei Monate vor der Preisverleihung läuft der Wettkampf um die goldenen Statuetten auf Hochtouren. Die Industry beherrscht die Medienlandschaft von Los Angeles. Und jetzt auch unser Viertel.

„Ein Filmunternehmen plant, in Ihrem Viertel zu drehen. Es beantragt die dafür notwendigen Genehmigungen“, lese ich die Vorderseite des Flyers. Auf der Rückseite steht: Die Crew will in drei Tagen von sieben bis 22 Uhr Fahrzeuge auf unserer Straße parken und mit Kameras am Boden und aus der Luft filmen. Am Nachmittag klopft eine junge Frau an die Tür. Ihr langes blondes Haar hat sie unter eine Baseballkappe gestopft. In der Hand hält sie ein Klemmbrett.

„Ich komme wegen der Dreharbeiten. Eine Comicserie wird verfilmt. Christian Bale in der Hauptrolle. Für Hubschrauberszenen fliegen wir eventuell auch über Ihr Haus.“ Sie hält mir das Klemmbrett und einen Stift entgegen. „Wenn Sie hier unterschreiben würden, dass Sie einverstanden sind? Bitte!“ Während ich so tue, als könnte ich das Kleingedruckte entziffern, rasen Gedanken durch mein Hirn: Wer weiß, welche Rechte ich abtrete? Soll ich mich weigern? Sind das typisch deutsche Gedanken?

Ich unterschreibe. Die junge Frau bedankt sich und geht weiter.

Drei Tage später sehe ich beim Frühstück vor dem Küchenfenster Menschen in schwarzen Jeans und T-Shirts mit Headsets und Baseballkappen vorbeilaufen. Walkie-Talkie-Geräusche mischen sich mit dem Brummen von Generatoren. Nina erzählt mir schweißgebadet, dass Laster die gesamte Straße zuparken und sie deshalb zu Fuß den Hügel hochgelaufen ist.

In der Mittagspause mache ich mir ein eigenes Bild: Vor den Lastern stehen Scheinwerfer, Stellwände und riesige Stahlkästen. An jeder Straßenkreuzung beobachten mindestens zwei Menschen mit Walkie-Talkies in den Händen den Verkehr, auch wenn es da, abgesehen von Kinderwagen schiebenden Kindermädchen und klappernden Minilastern der Gärtner, in diesem Viertel nichts zu beobachten gibt. Vor dem Haus von Rose steht eine kleine Menschentraube. Sie verteilt, gekleidet in ein regenbogenfarbenes Batik-Hängekleid, selbstgebackene Kekse. „Hallo, Christin! Willst du auch welche?", winkt sie mich dazu. „Ich hab ihnen erzählt, welche Hollywood-Größen schon auf diesen Straßen gelebt und gefilmt haben. Will Rogers, Arnold Schwarzenegger, Tom Hanks, Diane Keaton, Steven Spielberg." Ich schaue so beiläufig wie möglich in die Gesichter. Christian Bale ist nicht dabei. „Und wer dreht hier heute was?", frage ich. Ein älterer Herr in blauem Poloshirt mit grauem Stoppelbart lächelt verschmitzt. „Eine Comicverfilmung. Mehr darf ich nicht sagen." „Mit Christian Bale?" Seine Augen verdunkeln sich. „Wer hat das denn behauptet?" Nun lächle ich geheimnisvoll. „Und was ist Ihre Aufgabe bei dem Film?" „Diese Europäer! Immer gradeheraus", lacht Rose etwas zu laut. „Ja, wir müssen dann auch wieder weitermachen", gibt der ältere Herr das Zeichen zum Aufbruch.

„Das kannst du doch nicht machen", schilt mich Rose kopfschüttelnd. „Ich glaube, das war der Regisseur. Er kommt mir sehr bekannt vor. Mir fällt nur der Name nicht ein."

An der nächsten Straßenbiegung hält mich eine Frau mit Mikrofon-Headset an. „Du musst leider umdrehen, sonst kommst du ins Bild. Du kannst natürlich auch hier warten. Dauert etwa zwanzig Minuten." Sie sagt das mit dem freundlichsten Lächeln. „Wir drehen eine Motorradszene." „Na, da kehre ich wohl lieber um." Im Weggehen höre ich hinter mir eine Stimme durchs Walkie-Talkie knarren. „Ist sie weg?" „Fast geschafft", antwortet die Frau. „In fünf, vier, drei, zwei, eins. Alles klar!" Kaum bin ich um die Ecke, startet ein Knarren so laut, dass mir fast die Ohren abfallen. Im Affenzahn rasen Motorräder, gelenkt von Fahrern mit schwarzen Helmen, verdunkeltem Visier und schwarzen Lederanzügen die Kurven hinunter. Benzingeruch und Qualm füllen die Luft. Ich höre Bremsen und Reifen quietschen. Dann rollen die Maschinen nebeneinander langsam wieder den Hügel hoch. Ob unter einem der Helme Christian Bale ist?

Noch ein paar Mal höre ich hinter mir die Motorräder durchs Viertel rasen. Vor einem Truck in unserer Straße macht sich ein Catering-Service breit. Klapptische beugen sich unter Obst und Salat, Chicken Wings und Würsten, Säften, Kaffee, Tee, Cupcakes und Energieriegel.

Nachmittags knattern Hubschrauber über unser Haus, natürlich genau in dem Moment, als ich einen Beitrag aufnehmen möchte. Das Studio ist absolut nicht schalldicht. Nina steckt ihren Kopf ins Zimmer. „Kaffee?" Ich nicke ergeben und gehe auf die Terrasse: Ein schwarzer Helikopter zieht Kreise zwischen Bergen und Meer, fliegt die Küste entlang, kommt wieder zurück, zieht weiter Kreise. Dann starten auch die Motorräder wieder. Wir gehen ins Haus,

schließen alle Fenster und Türen. Die Industry ist bei genauerem Hinsehen nicht halb so glamourös wie ich mir das vorgestellt hatte.

Anstatt meinen Beitrag aufzunehmen, plane ich mit Nina den Trip nach Yosemite. Magaly und ich werden außerhalb vom Nationalpark wohnen, in einem kleinen Dorf mit dem schönen Namen Mariposa – Schmetterling! Nina hat für mich Interviews mit einer Historikerin und einem Park-Ranger vereinbart. Das ist eine Mischung aus Förster und Fremdenführer. Eventuell werde ich außerdem ein Ehepaar besuchen, dessen Wildwasser-Rafting-Unternehmen kurz vor dem Bankrott steht. Wegen der anhaltenden Dürre ist das Wasser in den Flüssen zu niedrig, um alle Touren anzubieten.

Seit Wochen ist es im Südwesten der USA ungewöhnlich heiß und trocken. Ständig creme ich mir Gesicht und Hände ein. In jeder Tasche habe ich einen Fettstift gegen aufgesprungene Lippen. Santa-Ana-Winde blasen aus dem Landesinneren Richtung Küste. In Deutschland wird dieses Wetterphänomen gerne Teufelswinde genannt.

Auch weil es so heiß ist, lassen Magaly und ich das Cabrioverdeck erstmal verschlossen, als wir uns zu unserem Roadtrip aufmachen. Nach dem morgendlichen Berufsverkehr biegen wir auf den Freeway Nummer fünf ab. Zum Yosemite Park geht es sechs Stunden lang mitten durch Südkalifornien. Zu meinem Proviant gehören Gummibärchen, Kartoffelsalat, Gewürzgurken und Minifrikadellen. „Ich hab noch bis spät in die Nacht mit meiner Mutter Tamales gemacht“, erzählt Magaly. Außer den mit Teig, Käse und Fleisch gefüllten Maisblättern hat sie Churros dabei – so etwas ähnliches wie langgezogene Krapfen, knusprig frittiert und mit Zucker bestreut. „Und als Nachtisch was ganz Gesundes: Obst und Gemüse. Ein Salat aus Melo-

ne, Orange, Ananas, Gurken, Kokosnuss." Den kenne ich ja schon von meinem Sunset-Boulevard-Trip durch Echo Park.

Wir haben ausgemacht, Musik aus Deutschland und Mexiko mitzubringen. Ich habe eine wilde Mischung aus Peter Fox, Marianne Rosenberg, Element of Crime und Udo Lindenberg. Magalys Auswahl geht von romantischem Schnulz und Mariachi bis zur mexikanischen Version der kolumbianischen Cumbia. Zu deren fröhlichem Rhythmus schwingen wir unsere Hüften, so gut das in den Autositzen geht.

„Wow, was ist das denn?", unterbricht Magaly plötzlich unseren fröhlichen Gesang und zeigt auf die Hügel vor uns. Ein riesiges Wolkenungetüm baut sich dahinter auf: Schwarz-grau wächst es in den blauen Himmel. Der Geruch von Feuer und Asche kommt durch die Fenster, die wir schnell schließen. Der Verkehr wird immer langsamer. Dann stehen wir. Auf fünf Spuren bewegt sich nichts. Mist! Die dunkelgraue Wolke wächst und kommt eindeutig auf uns zu. Ich rufe Nina an.

„Hey, schon Sehnsucht nach mir?", lacht sie in den Apparat. „Kannst du mal schauen, ob auf dem 5er-Freeway irgendwo ein Waldbrand ist? Der Verkehr rührt sich nicht und es riecht verdammt nach Feuer!" Nina muss die leichte Panik in meiner Stimme gehört haben. Ich höre sie schnell tippen. „Einen Moment, da ist was. Ja! Waldbrand. Evakuierungen. Wind. Richtungswechsel", sagt sie. „Wo seid ihr genau?", knarrt es durch die Funkstörungen. Magaly schaut mich fragend an. „Lake Castaic", lese ich von einem Hinweisschild. „Nächste Ausfahrt vier Meilen!" Ich höre Sirenen. „Was ist denn da bei euch los? Alles in Ordnung, Kerstin?", fragt Nina. Dann ist die Verbindung ganz weg. Auf der gegenüberliegenden Fahrbahn rasen Wagen von Feuerwehr

und Ambulanz gegen den Verkehr mit blinkenden Lichtern und kreischenden Hörnern den Hügel hinauf. Ich setze meinen Blinker und bewege mich im Schneckentempo durch den nun kriechenden Verkehr Richtung Seitenstreifen. „Wenn's sein muss, lassen wir das Auto stehen und laufen so schnell wir können zurück, einverstanden?" Magaly nickt, drückt ihre Handtasche an die Brust und versucht vergeblich über ihr Handy jemanden zu erreichen. „Scheiß Berge! Kein Empfang!", schimpft sie. Dann flucht sie auf Spanisch weiter.

Seit Wochen berichte ich über Waldbrände in der Region, darüber, wie schnell der Wind die Richtung ändern kann, und über Menschen, die sich in Sicherheit wähnen und plötzlich in unmittelbarer Gefahr sind. Ich habe dickköpfige Senioren interviewt, die ihre Häuser nicht verlassen wollten, und Bauern, die ihr Vieh den Flammen überlassen mussten. Ich habe keine Lust, selbst Teil des Abendprogramms zu werden. Magaly sieht ziemlich blass aus. Wortlos bewegen wir uns in Zentimeterschritten vorwärts, während klebrige weiß-graue Ascheflocken auf die Motorhaube fallen.

„Da! Da! Da!", ruft Magaly. Vor uns erscheint eine Freeway-Auffahrt. Ich setze meinen Blinker und fahre sie in entgegengesetzter Richtung hinunter. Im Rückspiegel sehe ich, dass mir mehrere Autos folgen. Auf der Rampe kommt uns niemand entgegen. Die Highway Patrol hat die Auffahrt gesperrt. Der Uniformierte neben den quergestellten Streifenwagen schaut nur kurz ins Auto und winkt uns schnell weiter – hinein in den Verkehr. Er ist zwar dicht, aber er rollt und das Beste ist: Wir bewegen uns mit ihm weg vom Feuer. Erst als wir auf den Parkplatz eines Einkaufszentrums fahren, atmen Magaly und ich wieder normal.

Ich rufe Nina an und beruhige sie, während Magaly beschwörend auf ihre Mutter einredet. Sie hat sich den Kopf zerbrochen, warum ihre Tochter in den letzten zehn Minuten so oft versucht hat, sie zu erreichen. Ich hänge auf und packe die Gummibärchen aus.

Es gibt keine Möglichkeit, das Feuer zu umfahren. Wir machen unsere Picknickpause im Auto, breiten Salate, Tamales, Frikadellen und Churros auf der Konsole aus. „Dashboard Dining heißt das hier", erklärt mir Magaly – Speisen vom Armaturenbrett. Es gebe im Internet sogar Rezepte für Gerichte, die man während der Fahrt auf dem Motor kochen kann. Wir essen unseren Proviant kalt.

Erst ein paar Stunden später wird die Straße freigegeben. Wir fahren vorbei an einer Mondlandschaft aus schwarzen, rauchenden Baumskeletten und verkohlten Büschen. Asche bedeckt den Boden. Feuerwehrtruppen bekämpfen letzte Brandherde, treten mit ihren Stiefeln Funken aus und schlagen mit Schaufeln auf kleine Flammen ein. Aschewolken verdunkeln die Sonne und tauchen die Landschaft in ein unwirkliches Licht. Obwohl alle Fenster zu sind, müssen wir husten. Jedes Einatmen kratzt im Hals. Im Radio wird dieses Feuer – abgesehen von der Straßensperre – nicht erwähnt. Alles Routine im kalifornischen Herbst.

Es ist dunkel, als wir vor unserer Unterkunft in Mariposa auf den Parkplatz rollen. Als wir der Rezeptionistin erklären, warum wir so spät ankommen, gibt sie uns spontan ein besseres Zimmer als das, was wir gebucht haben. Es hat zwei Riesenbetten, und neben dem Fernseher steht eine gigantische Badewanne mit Sprudeldüsen. „Ist wohl die Flitterwochen-Suite", vermute ich. „Oder das Zimmer für Swingerpartys", sagt Magaly. Sie betrachtet kopfschüttelnd das Ungetüm, in dem mindestens fünf Leute Platz haben. Egal! Ich genieße nach unserem herzhaften Abendessen ein

wunderbares Schaumbad und lasse mir von den Düsen die angespannten Muskeln bearbeiten. Kaum falle ich ins Bett, bin ich auch schon eingeschlafen.

Beim ersten Schritt aus dem Hotel am nächsten Morgen macht unser Atem kleine Wolken. Ich spüre, wie ich rote Wangen bekomme. So kühle, klare, frische Luft erlebt man in Los Angeles nicht einmal direkt am Meer. Da brauche ich allerdings auch selten einen Pulli plus Jacke auf dem Weg zum Frühstück. Auf der Suche nach Espresso kommen wir auf der Hauptstraße vorbei an Geschäften im Wildwest-Stil mit Holzverkleidung und handgemalten Schildern. Ein gelb gestrichenes Häuschen mit bunt gefüllten Blumenkästen vor den Fenstern lädt zum Frühstück ein: „Pony Expresso". Wir genießen Milchkaffee und Cappuccino, Creamcheese Bagel und Blaubeermuffin in Riesensesseln zwischen zeitungslesenden Einheimischen. Gestärkt für unseren Ausflug fahren wir über eine kurvige Landstraße Richtung Yosemite Park. Zeitweise rauscht ein Bach neben uns. Zwischen Nadelbäumen und Granitfelsen leuchtet hellgelbes und feuerrotes Laub. Riesige Schilder am Straßenrand warnen vor Bären. Zwei Mammut-Granitbrocken lehnen über der Straße aneinander und bilden ein Tor. Wir sind am Eingang zum Nationalpark. Auf dem Parkplatz dahinter bin ich mit dem Ranger verabredet. Wir steigen aus. Ich weiß gar nicht, wohin ich zuerst schauen soll. Wir sind mittendrin in einer Naturgewalt, wie ich sie noch nie erlebt habe. Wasserfälle donnern hunderte von Meter über riesige Felsformationen. Gigantische Granitberge werfen weite Schatten ins Tal. Gletscher haben diese Landschaft vor Tausenden von Jahren hinterlassen. Eine ganze Palette von Herbstfarben leuchtet uns vor dem Hintergrund der silbergrauen Felsen entgegen: Laubbäume, Herbstblumen und Schilf. Es duftet nach feuchten Nadeln, Pinienzapfen und

Rinde der Sequoiabäume. Manche davon sind tausende Jahre alt, so groß und dick, dass Straßen durch sie hindurch gebaut wurden! Ich finde es jetzt nicht mehr übertrieben, dass mein Reiseführer Yosemite Park als „Kathedrale in der Wildnis" beschreibt.

„Hallo! Ihr seid doch sicher die Reporter aus Deutschland", schallt uns eine freundliche Stimme entgegen. Ranger Shelton kommt auf uns zu: breitkrempiger sandfarbener Hut, graues Hemd, grüne Hose, freundliche braune Augen und kräftiger Handschlag. Ich erkläre ihm, dass ich eine Freundin mitgebracht habe. „Herzlich willkommen! Ich arbeite seit fünfzehn Jahren im Park", begrüßt er uns beide herzlich. „Ihr habt Glück! Es hat letzte Woche hier im Norden geregnet. Davor waren diese mächtigen Wasserfälle spärliche Rinnsale." Das ist jetzt kaum vorstellbar. „Wollt ihr hier stehenbleiben? Habt ihr Angst, nass zu werden? Oder wollt ihr zu einem Wasserfall?" Natürlich wollen wir da hin! „Dann mal los zum Bridal-Vail-Fall. Bis dahin sind es nur zwanzig Minuten." Es ist, als würden wir auf der kurzen Strecke durch drei Klimazonen gehen. Wir marschieren los bei Sonne und blauem Himmel. Zehn Minuten später ziehe ich meinen Anorak an. Zwischen hohen Bäumen wird es schattig und immer feuchter. Was sich anfühlt wie Regen, sind Tropfen vom Wasserfall.

Am Aussichtspunkt schauen wir mit Dutzenden anderen Touristen nach oben. Wassermassen rauschen nur wenige Meter vor uns senkrecht über eine Felswand hinab. Wir staunen und fotografieren. Dann nehme ich das Donnern der Naturgewalt auf, und Shelton gibt uns nützliche Tipps für unseren Aufenthalt im Park: Kein Essen offen liegen lassen! „Schwarzbären tun alles, um an das Futter zu kommen. Sie reißen Zelte nieder und nehmen Fahrzeuge auseinander." Er warnt uns, nicht über Absperrungen hin-

auszugehen, uns nicht über Wasserfälle zu beugen und nicht durch Flüsse zu waten. „Jedes Jahr werden Touristen von der Macht des Wassers in den Tod gerissen." Vor allem aber rät uns Ranger Shelton, die kostenlosen Busse zu benutzen oder Fahrräder auszuleihen und die Natur mit allen Sinnen zu genießen. Fünf Prozent des Parks sind durch Straßen erschlossen. Die anderen 95 Prozent kann man zu Fuß erleben. „Ihr könnt einen kurzen Spaziergang machen oder tagelang durch die Wildnis wandern." Auf dem Weg zurück zum Parkplatz zeigt er uns die besten Ausblicke auf die von der Sonne beschienene abgebrochene Granitkuppel von Half Dome. Wir setzen uns auf eine Bank mit Blick auf Kletterer in der senkrechten Wand eines anderen berühmten Yosemite-Felsens: El Capitan.

Der Ranger wird ernst. Er erzählt von der nicht so glorreichen Vergangenheit des Parks. „Yosemite existiert in heutiger Form nur, weil vor über 150 Jahren die US-Armee Indianerdörfer zerstört und die Bewohner aus dem Tal vertrieben hat. Das Volk der Awahneechee hat hier vorher tausende von Jahren friedlich gelebt." Dann fragt er uns, ob wir wissen, wer die sogenannten Buffalo Soldiers waren. „Das waren Regimente in der US-Armee mit ausschließlich afroamerikanischen Soldaten. Sie gehörten zu den ersten Rangern in Nationalparks", erklärt er. Shelton ist selbst schwarz und entschlossen, diesen Teil der Geschichte bekannter zu machen. „Buffalo Soldiers haben 1903 die erste Straße in den Giant Sequoia Wald gebaut und ein Jahr später in Yosemite das erste Nationalparkmuseum errichtet." Er verabschiedet sich mit einem letzten praktischen Tipp: „Denkt dran: Nehmt immer Wasser und Sonnenschutz mit, und vor allem viel Zeit."

Magaly und ich können es kaum erwarten, zum Vernal Fall zu gehen. Nur zwei Kilometer sind es bis zum höchsten

Punkt dieses Wasserfalls. Schon der Blick hoch zur Felskante, über die die Wassermassen 150 Meter ins Tal stürzen, ist gigantisch. Glitschig, rutschig und feucht sind die steilen Felsstufen, die direkt neben dem donnernden Wasserfall nach oben führen. Ein Regenbogen schwebt vor den Felsen. Unsere Gesichter, Haare und Kleidung sind innerhalb von Minuten nass. Ich könnte vor Freude und Glück jubeln. Oben stehen wir dann im warmen Sonnenschein neben dem Emerald Pool und ergattern einen Platz an der Reling direkt neben dem Wasserfall. WOAH!!! Schwindelerregend! Jedes Jahr fallen neugierige Touristen über diese Kante. Wir setzen uns auf einen flachen Felsen am See und packen unsere Verpflegung aus. Hinter uns rauscht der Nevada Fall.

Wir wandern weiter. Ich halte mein Mikrofon zwitschernden Vögeln, donnerndem Wasser, plätschernden Bächen, raschelndem Laub und schwärmenden Touristen entgegen. Zwischen Arbeit, Shoppen im Souvenirladen, Wanderungen, Abendessen und einem zweiten Bad in unserer Riesenwanne erfahre ich mehr über Magalys Familie. Ich bin neidisch, dass so viele von ihnen in Südkalifornien leben und dass sie anscheinend ständig miteinander feiern: Eltern, drei Brüder, eine Schwester, zahllose Cousins, Tanten und Onkel. Sie kann sich nicht vorstellen, wie Ben und ich ohne Familie in Los Angeles zu leben. „Das muss doch für dich und deine Eltern sehr schwer sein." „Ja, zum Glück lebt meine Schwester mit Familie nur ein paar Stunden weg." „Und die Tanten und Onkel und Cousins und Cousinen?" „Davon habe ich nicht viele. Die, die es gibt, leben überall in Deutschland verstreut." Magaly schüttelt verständnislos den Kopf. Ihre dicken Locken fliegen. „Ich würde vor Sehnsucht umkommen!"

Das Interview mit der Expertin für Nationalparks findet

am nächsten Tag im berühmten Ahwahnee Hotel mitten im Yosemite-Tal statt. Von außen wirkt es auf mich wie eine plumpe Imitation Schweizer Alpensanatorien, ein Monstrum von Bauwerk aus Felsbrocken, Holz und Glas. Drinnen ist es überraschend gemütlich mit vertäfelten Holzdecken, breiten Sesseln und Sofas sowie einem Feuer im riesigen Kamin. Durch meterhohe Fenster gibt es die beste Aussicht auf Wald, Wiese, Felsformationen und Wasserfälle. Magaly setzt sich auf die Terrasse, während ich mit der Professorin drinnen bei heißer Schokolade in ein Sofa sinke.

„1890 hat der US-Kongress Yosemite zum Nationalpark erklärt. Aber schon 26 Jahre vorher, 1864, hatte Präsident Abraham Lincoln die Landschaft zum öffentlichen Park der USA gemacht", beginnt sie ihren Rückblick in die Geschichte. „So etwas gab es vorher gar nicht. Mit diesem Akt hat er die Natur vor kommerzieller Ausbeutung bewahrt. Seine Entscheidung war ein Meilenstein in der Geschichte des Naturschutzes. Wir feiern hier eine Landschaft, die die amerikanische Seele und Identität definiert." Die Historikerin lacht, während sie weiterspricht. Sie sei ja normalerweise nüchternen Zahlen verpflichtet. „Aber bei Yosemite komme ich immer ins Schwärmen."

Wir sprechen über die Schwarz-Weiß-Fotos von Ansel Adams und über John Muir, dem ersten Wissenschaftler, der Yosemite zu Fuß erkundete und seine Natureindrücke detailliert beschrieb. „Er hat sich sogar an einen Baum gefesselt, um die Wucht des Windes körperlich zu spüren." Muirs Beschreibungen machten selbst US-Präsident Teddy Roosevelt neugierig. 1903 campte der Präsident mit dem Naturwissenschaftler eine Nacht zusammen zwischen Mammutbäumen. „Muir hat unschätzbar viel für die Bewahrung von Natur in Kalifornien getan", fasst die Historikerin zu-

sammen. „Aber der Parkservice muss neue Wege finden, für die Natur zu werben. Muir steht für den einsamen Wanderer, der mit einer Kante Brot durch Schluchten und Berge zieht. Dieses Bild lockt heute niemanden mehr in einen Nationalpark." Erst in den letzten Jahren sei das Bewusstsein in der Nationalparkleitung dafür gestiegen, dass die überwiegende Mehrzahl der Besucher ihrer Anlagen weiß ist, nicht nur in Yosemite, sondern in den ganzen USA.

Ich frage Magaly später, ob ihr das aufgefallen ist. „Na klar", sagt sie. „Oder siehst du hier viele Leute, die aussehen, wie ich?" Ich schüttle den Kopf. „Und Ranger Shelton ist nicht nur der einzige schwarze Fremdenführer, den ich gestern und heute gesehen habe. Auch sonst gibt es doch kaum Schwarze im Park." Etwas peinlich, dass mir das gar nicht aufgefallen ist. „Und woran liegt das?", frage ich, während wir zu unserem nächsten Aussichtspunkt fahren. „Also in meiner Familie liegt das erstmal daran, dass wir kein Geld für lange Ausflüge und Eintrittsgelder haben. Außerdem fühlen wir uns wohler im Park um die Ecke, am Strand oder im eigenen Garten. Da können wir grillen, Kühlboxen und Musik mitbringen. Hier ist alles so steif, und es gibt viele Regeln."

Wir steigen auf einem Parkplatz gegenüber von Half Dome aus, dem Wahrzeichen von Yosemite Park, und klettern unter blauem Himmel über Felsen und Wiesen weiter nach oben. Egal, wohin wir schauen – die Aussicht zu den endlos erscheinenden Gletscherformationen ist imposant. Ein seltsames Geräusch lockt unsere Blicke zum Wald vor uns. „Klonk, klonk, klonk", fallen Pinienzapfen von einem Baum. Dessen Wipfel bewegt sich. „Ein Bär!", ruft Magaly. Tatsächlich! Ein ausgewachsener schwarzbrauner Bär hängt zwischen den Zweigen. Er bricht Zapfen vom Baum und lässt sie zum Boden fallen. Unten warten zwei Bärenjunge

auf die Futterzufuhr. Tollpatschig machen sich die schwarzen Pelztiere über die Zapfen her. Als Mutter Bär behände den Baum hinunterklettert, schaut sie zu uns. Mir wird etwas mulmig. Doch in aller Seelenruhe futtern sie nun zu dritt weiter und verschwinden später in gemächlichem Trott im Wald.

Ich sage den Termin bei der Wildwasser-Rafting-Familie ab. Lieber fahre ich mit Magaly über die Panoramastraße zu einem Höhensee. Schnee liegt am Straßenrand. Wir legen uns ans Ufer in die Sonne bis es Zeit ist, aufzubrechen, zurück nach Los Angeles. Ich werde garantiert mit Ben zurückkommen.

Zu Hause ist erstmal Thanksgiving-Planung angesagt. Mein erster Truthahn! Ich entdecke im Internet einen Rechner, mit dem ich kalkulieren kann, wie viel Vogel, Füllung und Sauce wir brauchen werden. Ich muss nur die Zahl der essenden Erwachsenen und Kinder eingeben, auf einer Skala ankreuzen, wie groß unser Appetit ist, und wählen, ob wir Left to overs haben wollen oder nicht. Für zwei Durchschnittshungrige, die eine Menge Truthahn übrig haben wollen, kalkuliert der Rechner einen Drei-Pfund-Vogel als optimale Größe. Die kleinste Pute, die ich in der Supermarkt-Tiefkühltruhe finde, wiegt zehn Pfund.

Zum Truthahn machen Ben und ich Kartoffelpüree und Bohnen. Bevor wir uns an die feierliche Tafel setzen, skypt er mit seiner Familie an der Ostküste. Dort herrscht an Mutters großem Esstisch Chaos. Geschwister, Neffen und Nichten winken uns aus dem Computerschirm zu. „Nächstes Jahr Thanksgiving fliegen wir zu euch“, rufe ich ihnen entgegen. „Ich muss euch unbedingt alle besser kennenlernen!“ „Nein, wir kommen nach Kalifornien“, ruft die Mutter zurück. Einen Moment, wo ist der Truthahn-Rechner?

Zehn Erwachsene, sieben Kinder, großer Appetit und viele Reste, das macht einen Zwanzig-Kilo-Truthahn, dreißig Pfund Füllung und knapp fünf Liter Sauce. Kein Problem! Wir sind ja in Amerika. Da ist alles etwas größer.

Dezember

„Verdammt nochmal, nun fahr doch endlich!" Frustriert haue ich auf das Lenkrad ein. Ausgerechnet heute macht das Cabrio Zicken. Schon seit ein paar Wochen hakt der Steuerknüppel. Ist er nicht in absolut akkurater Parkposition, lässt sich der Schlüssel nicht abziehen. Heute streikt das Auto außerdem schon beim Starten – es springt nicht an, bockt in den niedrigen Gängen wie ein Zuchthengst und kommt an Kreuzungen erst langsam in Fahrt. Und das ausgerechnet auf dem Weg zum noblen „Langham Huntington"-Hotel in Pasadena zum Exklusiv-Interview mit einem Reality-Star über ihre Geschlechtsumwandlung. Die Pressefrau hat mir versprochen, ich sei unter einer kleiner Gruppe Journalisten die einzige Deutsche und werde Gelegenheit zum persönlichen Gespräch mit der Transsexuellen haben, die nur höchst selten Interviews gibt.

Das Hotel ist eine amerikanische Version von Thomas Manns Zauberberg-Sanatorium. Majestätisch thront es vor den San-Gabriel-Bergen. Sein Vorgarten ist ein Park, der jedem Fünf-Sterne-Golfplatz Konkurrenz machen könnte, trotz der herrschenden Rekord-Dürre. Am Eingang öffnet ein Page in beigefarbener Uniform meine Autotür. „Zum Auto – da müssen Sie leider ein paar Sachen beachten", sage ich, während er freundlich lächelnd meine Tür aufhält. „Also erstens – der Schlüssel, beziehungsweise der Schaltknüppel ..." Ich erläutere ihm das Problem mit der Parkposition. Er nickt verständnisvoll. „Dann könnte es sein, dass das Auto nicht gleich anspringt. Deshalb stelle ich es jetzt nicht ab." „Kein Problem, Ma'am!" Sein Lächeln wirkt nun

etwas gequält. Hinter mir stehen inzwischen eine schwarze Stretchlimousine, ein champagnerfarbener Jaguar und ein rotes Mercedes-Cabrio. „Ich muss Ihnen leider noch etwas erklären", sage ich schnell. Er hebt die Augenbrauen. „Manchmal bockt er etwas, in den niedrigen Gängen, machen Sie sich keine Sorgen. Er fährt. Manchmal nur etwas langsam." Ich steige aus. Er setzt sich ans Steuer und rollt davon.

Über polierten Marmorboden, vorbei an weißen Sesseln und schulterhohen Vasen, gefüllt mit Rosensträußen, gehe ich zur Rezeption. Während ich das perfekte Make-up der Rezeptionistin bewundere, blättert sie durch eine mehrseitige Liste. Das ist wohl doch keine so exklusive Veranstaltung, wie es die Pressefrau angekündigt hat. Zilm ist wie immer ganz unten auf der letzten Seite. „Alles klar, Miss Zilm. Einfach geradeaus in den Huntington Ballroom. Sie können gerne einen Kaffee mitnehmen, aber bitte kein Essen." Erst jetzt sehe ich die Tische voller Obst, Bagels, Croissants, Minisandwiches, Schokoriegel, Wasser und Säften.

Ich habe nur noch zwanzig Minuten Zeit bis zum Beginn der Veranstaltung und gehe direkt zum Saal. Ein Page öffnet mir die Tür, und ich möchte vor Wut und Enttäuschung schreien. Der Raum ist gefüllt mit Tischen. In jeder Reihe tippen schätzungsweise dreißig Journalisten in Laptops oder checken ihre Smartphones. Ich habe Mühe, einen Platz zu finden, besetze einen Stuhl mit meiner Jacke, gehe zurück in die Lobby und rufe die Pressefrau an. Anrufbeantworter! „Ich bin hier, in der Lobby, wäre toll, wenn wir uns treffen könnten, um die Logistik zu besprechen", sage ich so freundlich wie möglich und schicke eine Sms hinterher. „Meine Assistentin ist in zwei Minuten in der Lobby", schreibt sie zurück. Tatsächlich steht wenig später eine junge Frau mit Headset über den Ohren und Klemmbrett in

der Hand vor mir. „Hi, ich bin Mandy. Du musst Christin sein! So toll groß und blond! Ihr Deutschen! Ich möchte so gerne mal nach Deutschland." Mandy, ich habe keine Zeit für Smalltalk!

„Ich habe einen privaten Interviewtermin und muss wissen, wie ich mit der Dame zusammen komme. Die Pressereferentin hat gesagt, ich werde zu ihr geführt." Mandy lächelt mit einer Mischung aus Mitleid und Hochmut.

„Also, das funktioniert folgendermaßen, Christin", säuselt sie: „Das Podium dauert eine halbe Stunde. Weil es eine Veranstaltung für Spender ist, die sich für dieses Thema engagieren, bitten wir die Journalisten während dieser halben Stunde keine Fragen zu stellen. Im Scrum hast du deine Chance." „Im Scrum?"

Sie erklärt mir, dies sei die Zeit nach der Diskussion, in der Journalisten auf der Bühne um Interviews mit den begehrten Gesprächspartnern kämpfen. „Du kannst Fragen stellen, bis sie das Podium verlässt." „Das ist ein Irrtum", widerspreche ich vehement. „Ich habe ein persönliches Gespräch vereinbart!" Mandy hat ein unbewegliches Mona-Lisa-Lächeln aufgesetzt. „Ich muss mit deiner Chefin sprechen", verlange ich. Sie neigt bedauernd den Kopf. „Jessica bereitet das Podium vor. Ich kann sie fragen, ob sie heute Nachmittag Zeit hat."

So würdevoll wie möglich schreite ich zurück zu meinem Platz im Saal. Auf dem Podium stehen jetzt fünf ausladende weiße Sessel um einen Glas-Couchtisch mit Rosenstrauß in der Mitte.

Ich mache ein Foto. „Voll Erwartung! Hier wird gleich ...", tippe ich auf meinen Facebook-Feed. Da tippt mir jemand auf die Schulter. Hinter meinem Stuhl steht ein Sonnyboy mit Gelfrisur in schilfgrünem Dreiteiler. „Hi, ich bin Frank." „Hi, ich bin Kerstin." „Ich wollte nur sicherstellen,

dass du weißt, dass Fotografieren verboten ist." Wo lernen sie nur alle, beim Überbringen unerhörter Nachrichten so makellos zu lächeln? „Und auch keine Aufnahmen. Kein Audio." Er deutet auf meinen Rekorder und zeigt seine strahlend weißen Zähne. „Kein Audio?" „Kein Audio!"

Ich spüre es: Mir platzt jede Sekunde der Kragen! Doch bevor ich Luft geholt habe, flüstert Frank: „Im Scrum kannst du aufnehmen, was du willst." Dann verschwindet er. Die Scheinwerfer über dem Podium gehen an.

Während der Diskussion bin ich beeindruckt von dem transsexuellen Reality-Star. Ich hatte sie immer für eine sensationsgeile Person gehalten, die alles für Publicity tun würde. Jetzt spüre ich aufrichtiges Mitgefühl für ihren Kampf um Respekt und Toleranz. Ich rase zum Podium, sobald die Diskussion zu Ende ist. Als ich die Bühne erreiche, drängeln sich dort schon mindestens zwanzig Journalisten. Ich setze meine gesamten teutonischen Kräfte ein, um mich nach vorne zu boxen. Die Medientraube bewegt sich schon in Richtung Bühnenausgang. „Hallo, ich bin Kerstin vom deutschen Radio", rufe ich in das Gewusel. Ein Wunder geschieht! Sie stoppt, dreht sich um und schaut mir direkt in die Augen. „Deutschland? Ich liebe Deutschland!" „Wow, toll! Was lieben Sie an Deutschland?" „Die Menschen sind alle so freundlich! Die Landschaft ist so schön! Und die Kunst! Und Berlin! Berlin! Berlin! Ich habe viele Freunde in Deutschland!" Sie winkt und verabschiedet sich, verschwindet hinter Vorhängen. Mein Handy piepst. Eine Nachricht aus der Pressestelle. „Ich freue mich, dass du sie persönlich sprechen konntest. Das war eine tolle Frage zu Deutschland. Alles Gute! Jessica."

Eine junge Frau drückt mir am Ausgang die obligatorische Geschenketüte in die Hand: eine DVD der neuesten Reality-Staffel, eine Hochglanzzeitschrift und einen Um-

schlag mit einem Scheckformular für die Unterstützung von transsexuellen Personen. Wie mache ich jetzt daraus eine Geschichte?

Immerhin hat sich das Cabrio wundersamerweise von den schlimmsten Macken erholt. Ohne Zicken und Bocken fahre ich nach Hause. Vor der Haustür steht ein weißer Pick-up-Truck mit dem Logo des Brandschutzunternehmens, bei dem Ben arbeitet. Auf der Ladefläche liegen neben einem Mammut-Werkzeugkasten Rohre und eine ausziehbare Leiter. „Ich habe ein Firmenauto bekommen", erklärt er mit Stolz in der Stimme. „Und bei der Weihnachtsfeier kriege ich, so wie es aussieht, einen Bonus-Scheck!"

Später gibt es dann auch noch für mich gute Nachrichten. Hans Zimmer ist zu einem Interview bereit. Der deutsche Komponist hat mal wieder Oscar-Chancen. Ich kann kaum fassen, dass er sich bei all dem Trubel Zeit für mich nimmt. „Ich hoffe, das ist nicht so eine Verarschung wie der Termin mit der Reality-Dame", dämpfe ich meine eigenen Erwartungen. „Keine Sorge. Du hast ihn wirklich ganz für dich allein in seinem Studio in Santa Monica", beruhigt mich Nina. „Seine Assistentin hat dreißig Minuten versprochen."

Bei der Vorbereitung auf den Termin wächst meine Bewunderung für den Mann aus Hessen mit jedem Satz, den ich lese. Zimmer hat seine Oscar-Karriere ohne formales Musikstudium geschafft. Er hat als Teenager mit Synthesizer, Piano, Orchester und Kettensäge experimentiert und war Mitglied der Gruppe Buggles, die mit „Video Killed The Radio Star" 1981 das erste Musikvideo auf MTV produzierte. Sein erster Job in Hollywood war der Soundtrack für „Rain Man". Dafür bekam er direkt eine Oscar-Nominierung. Da war der Mann gerade mal 31 Jahre alt. Mit nicht einmal vierzig Jahren hat er für die Filmmusik von „The Lion King"

seinen ersten Oscar gewonnen. Mir wird fast schwindlig, als ich lese, wie umfangreich das Werk von Hans Zimmer ist, was er alles komponiert hat – von „Thelma & Louise" über „Gladiator" bis zum „Fluch der Karibik" und „The Dark Knight" – alles Filmmusik von Hans Zimmer. Wahnsinn!

Von außen sieht seine Produktionsfirma nach nichts aus: ein Flachbau aus Backstein und Beton. „Hans kommt gleich", verspricht mir die Assistentin und führt mich durch ein Labyrinth aus engen Gängen vorbei an wohnzimmergroßen Studios mitten ins kreative Zentrum.

Da sitze ich nun auf einem roten Plüschsofa, in einem fensterlosen Raum mit blutroter Stoff-Tapete, Perserteppichen und dunkler Holzvertäfelung. Ich studiere jedes Detail der Umgebung. Links von mir steht ein polierter Flügel. Mindestens ein Dutzend elektrische Gitarren lehnen an Ständern vor deckenhohen Bücherregalen aus dunklem Holz. Zwischen Keyboards liegt ein gigantisches Fotobuch mit Schwarz-Weiß-Motiven, die nach Helmut Newton aussehen. Auf dem Tisch neben mir steht unter einem gelben Lampenschirm eine Totenkopfkerze aus schwarzem Wachs. Ich sehe erst jetzt, dass mehr als die Hälfte der Regale verglast ist. Hinter den Scheiben Technik: Rechner, Verstärker, Tuner, Kabel und Lichter. Dazwischen meterhohe Lautsprecher und ein Regal voller Wein- und Whiskeygläser.

Die Tür geht auf. Hans Zimmer kommt direkt auf mich zu und schüttelt mit einer Entschuldigung für seine Verspätung meine Hand. Dann setzt er sich in einen der roten Plüschsessel neben dem Couchtisch. Er könnte auch ein Studiendirektor sein: blaues Wolljackett über hellem Kaschmir-Sweater und sandfarbene Hosen, Brille vorne auf der Nase, weißgrauer Stoppelbart, der Haaransatz seit dem MTV-Video eindeutig nach oben verschoben.

Überraschend offen erzählt er mir von seiner Kindheit und Jugend in Frankfurt. „Ich war ein Versager, ein Träumer." Dann von besseren Zeiten in London und von seinen Erfolgen in Hollywood. Am neuesten Soundtrack mit Oscar-Chancen hat er mit seinem Team bis vor ein paar Tagen wochenlang in Zwanzig-Stunden-Schichten gearbeitet. „Wir haben bis zur Premiere im Studio geschlafen, gegessen und am Sound gefeilt. Nach der Premiere sind wir nochmal rangegangen." Er lacht. „Das machen wir übrigens immer so."

„Wirklich?" „Wirklich."

„Und wie fängt so eine Arbeit am Soundtrack an? Was sind die ersten Schritte im Studio?" „Ich zeig's dir."

Wir ziehen um zur Ecke mit Keyboards und Computerbildschirmen. „Sagen wir zum Beispiel ‚Der letzte Samurai'." Er schaltet die Geräte an und spielt einen Ton. Lässt ihn im Raum verhallen. Spielt den Ton wieder. Und nochmal. EINEN Ton. Immer wieder. Das sei für ihn der Anfang dieser Komposition gewesen – eine Verkörperung der asiatischen Welt, ein starker Ton, voller Möglichkeiten und Assoziationen. Dann zeigt er mir auf den Computerbildschirmen bunte Tonspuren, die er, ausgehend von diesem Klang, gefüllt habe. „Ich habe erst viel über Japan gelesen und bin dann sogar hingereist, weil ich das Gefühl hatte, noch nicht genug zu wissen. Japan war ja komplettes Neuland für mich."

Seit wir am Computer sitzen, hat die Assistentin schon zweimal die Tür geöffnet und Hans Zimmer Zeichen gegeben, das Interview zu beenden. Jetzt kommt sie zu uns und flüstert ihm etwas ins Ohr. „Okay, bin in fünf Minuten da", antwortet er freundlich und dreht sich dann wieder entspannt zu mir. Ich habe keine Ahnung, wie viel Zeit vergangen ist und schaue auf mein Aufnahmegerät. Das läuft

seit gut einer Stunde. „Deshalb habe ich keine Fenster hier." Ich schaue ihn fragend an. „Damit ich die Zeit vergesse." „Wenn du schon in Kalifornien bist und nicht im grauen Deutschland, willst du dann nicht die Sonne sehen?" „Na klar will ich das", antwortet er. „Aber wenn ich mitkriegen würde, wie schön es draußen ist, könnte ich doch nicht drinnen weiterarbeiten." Ich denke an meinen Arbeitsplatz. Er hat recht.

„Wenn ich mit einem Auftrag fertig bin, sitze ich gerne stundenlang am Strand", erzählt Zimmer weiter. „Vor Kurzem habe ich da mit einem Regisseur gesessen und darüber sinniert, was für ein großartiges Leben wir haben. Ich hoffe in solchen Momenten immer, dass niemand rausfindet, dass ich gar nicht so gut bin, wie alle denken." Wie bitte? Habe ich richtig gehört? Ein Mann, der Schränke voller Auszeichnungen und vor lauter Aufträgen keine Zeit zum Schlafen hat, zweifelt an seinem Können? „Ich meine es ernst! Ich hoffe immer, niemand kommt dahinter", sagt er lächelnd. In dem Moment kommt die Assistentin wieder ins Zimmer. „Hans, du MUSST weiter!" Er steht auf und schüttelt mir noch einmal kräftig die Hand.

Zwei Minuten später blinzle ich auf dem Bürgersteig glücklich in die Sonne. Es ist schwierig, bei diesem Wetter in Weihnachtsstimmung zu kommen, obwohl Supermärkte, Kaufhäuser und Restaurants mich mit „Jingle Bells" dauerberieseln, obwohl Kalifornier bei 25 Grad Celsius Weihnachts-Strickpullis und pelzgefütterte Boots tragen, obwohl Regale mit Weihnachtsspezialitäten prall gefüllt sind und überall üppig geschmückte Plastik-Tannenbäume stehen. Hilde hat mir beim letzten Kosmetiktermin verraten, wo ich in Los Angeles Spekulatius, Lebkuchenherzen, Dresdner Stollen und Glühweingewürz finden kann. Ich bastle einen Adventskranz aus Wacholderzweigen und Weihnachts-

schmuck, den ich aus Deutschland mitgebracht habe. Dann hänge ich bunte Kugeln in unsere Vorgartenbüsche. Damit kann ich natürlich nicht gegen die aufwendigen Winterlandschaften in unserem Viertel anstinken. Ich habe den Verdacht, dass dort Hollywood-Kulissenbauer am Werk sind. Sie bauen ganze Szenen aus leuchtenden Engeln, Weihnachtsmännern, Rentieren, Schlitten, Krippen und heiligen drei Königen. Rose und John haben grüne Leuchtketten um ihre Palmen geschlungen, von den Wurzeln fünfzehn Meter hoch bis zur Krone!

Ben hat unsere Tür mit Lichtern geschmückt.

Am Wochenende vor dem 24. Dezember transportieren wir unseren ersten gemeinsamen Weihnachtsbaum nach Hause – im offenen Cabrio! Dass wir die fast drei Meter hohe Blautanne innerhalb von zwanzig Minuten ohne Streit gerade im Ständer festgeschraubt haben, sehe ich als gutes Omen für eine gemeinsame Zukunft.

Während ich Rotwein mit Orangensaft, Mandarinenschnitzen, Nelken, Zimt und der Gewürzmischung aufwärme, bringt Ben Holzscheite im Kamin zum Brennen. Es ist sein erster Glühwein. Wir schmücken den Baum und betrachten schließlich das mit bunten Lichtern dekorierte Meisterstück. Plötzlich bewegt sich das Zimmer, als würden Güterzüge durchs Haus rumpeln und Ungetüme den Hügel unter uns ausgraben. Wände wackeln, Gläser klirren, Lampen schaukeln und Tannenzweige zittern. Der Spuk dauert höchstens fünf Sekunden. Wir schauen uns reglos mit aufgerissenen Augen an. Am Baum wackeln Anhänger. Die Deckenlampe schwingt. Im Tannenbaumständer schwappt das Wasser. Wir haben nicht geträumt. „Erdbeben", sage ich. Ben nickt. „Erdbeben."

Ich schalte den Computer ein – der Strom ist noch da. Das US-Amt für Geologische Forschung meldet eine

Erschütterung der Stufe 3.6 mit Zentrum östlich von Los Angeles. Die Spätnachrichten zeigen umgekippte Regale in Supermärkten und Wohnungen, ein zerbrochenes Porzellan-Jesuskind und ein paar erschrockene Kalifornier. „Denken Sie daran: The Big One ist längst überfällig. Deshalb: immer einen guten Vorrat an Wasser und Bargeld im Haus haben", warnt die Moderatorin mit strahlendem Lächeln. „Es kann drei Tage dauern, bis Rettungskräfte zu Ihnen kommen, und Geldautomaten werden nicht funktionieren!" Dann leitet sie zur Live-Schaltung weiter: Ein Reporter berichtet über eine Autojagd – aus dem Hubschrauber über dem Freeway. Was für eine Stadt!

„Packen wir unsere Geschenke heute Abend aus oder morgen früh?", frage ich Ben beim Gemüseschneiden für den Schmorbraten. „Heute Abend?" Er schaut mich irritiert an. „Das machen wir doch morgen im Schlafanzug zum Frühstück. Und wir bleiben auch den ganzen Tag im Schlafanzug." Was für eine wunderbare Tradition! Den ganzen 25. Dezember lang können wir Essen und Alkohol vom Vorabend verdauen, den bunten Teller leer essen und Weihnachtsgeschenke ausprobieren. „Und Basketball schauen", ergänzt Ben. „Der Weihnachtsspielplan ist einer der besten im ganzen Jahr." „Wir können ja zwischendurch einen Strandspaziergang machen", schlage ich vor. Sein Blick wird skeptisch. „Let's wing it!"

Um sechs schalte ich die Lichter am Weihnachtsbaum an. Dann flöte ich „Stille Nacht", „Alle Jahre wieder" und „Jingle Bells". Zu Sekt und Shrimp-Cocktail beschert uns der Sonnenuntergang eine feuerrote Weihnachtsshow. Während wir unseren Braten essen, schaut Ben zu den Geschenken. „Sollten wir vielleicht doch schon auspacken?" Ich nicke. Los geht's!

Wir sitzen zwischen Geschenkpapier und Weihnachts-

karten vor dem Feuer im Kamin, als er plötzlich aufspringt. „Eins habe ich noch!", sagt er und überreicht mir spitzbübisch grinsend eine kleine rote Schachtel. „Ach, du meine Güte, ein Ring!", denke ich. Er lacht angesichts meiner zitternden Finger, die sich mit Papier und Band abquälen. Vorsichtig öffne ich die Box: Vergraben in weißem Seidenpapier liegt dort ein kleines, gebogenes, schrumpliges, moosgrünes Etwas aus Glas. Fragend schaue ich in Bens erwartungsvolles Gesicht. „The Christmas Pickel", bricht es schließlich aus ihm hervor. Ich schüttle bedauernd den Kopf. „Ich habe keine Ahnung, wovon du sprichst." Er ist sehr verwundert und zieht aus seiner Hosentasche ein gelbliches Papier heraus. „Das Zertifikat. Ich dachte, du brauchst das nicht." „Die deutsche Weihnachtsgurke. Eine Tradition aus der alten Welt", lese ich. „Die Gurke ist immer der letzte Anhänger, den die Eltern im Weihnachtsbaum verstecken. Das Kind, das die Weihnachtsgurke findet, bekommt ein extra Geschenk." Ich pruste los. „Wer hat sich denn diesen Unsinn ausgedacht?!" Ben ist sprachlos. Er war superstolz, dass er einen solchen Anhänger gefunden hat. Ich hänge die Gurke an den Baum. Zum Glück habe ich das mit dem Ring nicht ausgesprochen!

Tagelang bewegen wir uns nur zwischen Haus, Strand und Supermarkt. Langsam spüre ich Hummeln im Hintern. „Wie wäre es, wenn wir zum Jahresende noch einen kalifornischen Traum von mir wahrmachen?" „Was denn?" „Am selben Tag im Schnee und im Meer." In den Bergen hat es vor ein paar Tagen geschneit. Die Straßen dorthin sind frei für perfekte Ausflugsbedingungen. Ben ist begeistert.

Als wir am 31. Dezember mit dampfenden Kaffeebechern in der Armlehne den zarten rosafarbenen Wolken des Sonnenaufgangs entgegensteuern, haben wir das schrille Klin-

geln des Weckers schon lange vergessen. Wir fahren raus aus der Stadt, unter Betonspuren der Freeways hindurch hinein in die Wüste. Die Temperaturanzeige steht auf 26 Grad. Vorbei an Feldern von wolkenkratzerhohen Windrädern geht es weiter bis zur Abbiegung nach Idyllwild, einem idyllischen Dorf in den Bergen südöstlich von Los Angeles. Ihre Gipfel sind weiß gepudert. Mit jeder Kurve sinkt die Temperatur. Im dichter werdenden Wald entdecken wir Schneefelder. Dann erreichen wir das Bergdorf. Hier sind schon Elvis und Dolly Parton abgestiegen. Mitten auf der Hauptstraße spazieren Einheimische in dicken Jacken, Wanderschuhen, Schals und Handschuhen. Beim Aussteigen schlägt uns kalte, frische Luft entgegen. Dampf steigt beim Atmen in den knallblauen Himmel. Wir ziehen Pullover und Jacken an und machen uns auf Erkundungstour. Idyllwilds Zentrum ist nicht viel mehr als die Hauptstraße mit Galerien, Gärtnereien, einer Bäckerei und Souvenirläden. Es gibt einige Restaurants, Motels und jede Menge holzgeschnitzte Bären in Lebensgröße. Ein großes gelbes Schild vor einem Blockhaus heißt Wanderer vom Pacific Crest Trail willkommen. Dieser Wanderweg führt über mehr als 4000 Kilometer von Mexiko durch die Berge bis nach Washington State, mal auf Meereshöhe, mal auf über 4000 Metern.

Auf der Wiese vor der Herberge liefern wir uns eine Schneeballschlacht. Dann bauen wir einen Schneemann mit Armen aus Zweigen und einem Tannenzapfen als Nase. Mit roten Wangen, kalten Ohren und steif gefrorenen Fingern finden wir Zuflucht in einem Café. Es riecht nach frisch gemahlenen Bohnen und frisch gebackenem Brot. „Wo kommt ihr denn her?“, fragt uns die Bedienung. „Ich höre da doch einen vertrauten Akzent.“ Ich setze an zu meiner Geschichte über Deutschland und Berlin, da zeigt sie

auf Ben. „Nein, bei dir." Das ist uns noch nie passiert. „Du hörst dich an, als wärst du von der Ostküste." Als Ben erklärt, woher er kommt, hellt sich ihr Gesicht auf. „Wusste ich's doch! Ich komme aus Virginia. Ganz aus deiner Nähe." Die beiden lästern über die seltsamen Menschen an der Westküste, die nie geradeheraus sagen, was sie denken, immer mindestens eine Viertelstunde zu spät kommen und den ganzen Tag nur Shorts und Flipflops tragen. „Hier oben ist das anders. Mit Hollywood-Smalltalk und Sandalen kommst du nicht weit! Und Kultur haben wir auch: eine Kunstakademie und ein Jazzfestival!" Wir versprechen, wiederzukommen. „Dann kannst du ja eine Geschichte über unseren Bürgermeister machen", schlägt sie vor. „Das ist ein Hund. Mayor Max!" Na klar.

Wir brechen auf, den zweiten Teil unseres Plans zu verwirklichen. Nur zwei Surfer in Wetsuites sind zu sehen, als wir beim Pazifik ankommen. Die gefühlte Wassertemperatur: knapp über dem Gefrierpunkt. Die Wellen sind höher als mir lieb ist. Aber: Kneifen gilt nicht! Mit Anlauf springen wir dem Wasser entgegen, lassen uns fallen, schwimmen prustend ein paar Züge Richtung Horizont und atemlos zurück zum Strand. Dort fallen wir uns in die Arme, zitternd, zähneklappernd und mit rasendem Herzschlag.

Bei Sonnenuntergang, Bier und Brezel feiern wir unsere Meisterleistung. Ein paar Stunden später, kurz vor Mitternacht, stehen wir auf einer Terrasse im Hafen, ich mit Glitterpappkrone, Ben mit Plastikzylinder, beide mit einem Glas Sekt in einer Hand und einer knarrenden Ratsche in der anderen. Alles gehört zum Silvesterpaket des Restaurants. Wir schauen in dicken Küstennebel. Wie durch dicke Watte hören wir aus der Ferne das Zischen und Knallen von Raketen. „Das geht ja gut los, das neue Jahr", lache ich kopfschüttelnd. „Finde ich auch", sagt Ben und hält mich

fest in den Armen. „Ich habe ein sehr gutes Gefühl. Das wird ein tolles Jahr!“

Übrigens habe ich nachgeschaut: Der Bürgermeister von Idyllwild heißt wirklich Mayor Max und ist ein Golden Retriever, der im Dienst Krawatte trägt.

Januar

„Nicht gleich den Fernseher anmachen", flehe ich Ben aus der Küche an. Der billige Silvestersekt hat schmerzhafte Nachwirkungen. Ich hatte noch keinen Kaffee und kann das Dröhnen aus der Flimmerkiste nicht ertragen. Ben stellt den Ton aus. „Aber es ist doch die Rose Parade aus Pasadena." „Die was?" „Die Rose Parade!", sagt er, als würde eine laute Wiederholung zum Verständnis beitragen. Ich erinnere mich dunkel an Zeitungsartikel zum Neujahrsumzug in Pasadena. Er ist wie Karneval in Köln, nur mit Rosenprinzessin und Hofstaat statt Dreigestirn. Und mit Blütenblättern statt Konfetti. Die Festwagen der größten Parade Kaliforniens werden ausschließlich mit natürlichen Materialien geschmückt: Rosenblüten, Orchideen, Blumensamen, Weizenkörnern, Baumrinde und Stroh zum Beispiel. Jetzt ziehen sie mit Blaskapellen und Reitformationen aus den ganzen USA durch Pasadena. Millionen Zuschauer jubeln und winken am Straßenrand. Die Live-Übertragung ohne Ton ist gar nicht so schlecht fürs erste Katerfrühstück im neuen Jahr.

Schnell wird mir klar, warum Ben wirklich den Fernseher eingeschaltet hat: Auf die Parade folgt College-Football. Laut Ben steht eine höchst wichtige Meisterschaft auf dem Spiel. „Die berühmte ROSE BOWL!" Ich verziehe mich auf die Terrasse. Während er drinnen jubelt, flucht und Schiedsrichter beschimpft, blättere ich in der Sonne Klatschzeitschriften durch. Gehört schließlich zu meinem Job.

Die Oscar-Saison hat ihren langen Endspurt erreicht. Ich hetze mit meinem Aufnahmegerät von Hintergrund-

gesprächen über Frauen oder Minderheiten im Film zu Interviews mit deutschen Hoffnungsträgern, Sondervorführungen von Kurz- und Dokumentarfilmen und der Präsentation von Wolfgang Pucks Rezept für goldbestäubte Schokoladen-Oscars. Die Oscar-Favoriten reisen unterdessen wie ein Wanderzirkus von Preisverleihung zu Preisverleihung durch die Welt, nehmen britische und französische Auszeichnungen entgegen und feilen bei Veranstaltungen der Kritiker-, Drehbuch-, Regie- und Schauspielervereinigungen an ihren Dankesreden.

Für die Academy Awards habe ich diesmal dank Ninas hartnäckiger Arbeit tatsächlich einen Platz im Pressezentrum bekommen. Sie beugt sich über den Sitzplan. „Du hast höchstens einen halben Meter an einem langen Tisch. Du wirst deine Ellbogen anwinkeln müssen", dämpft sie meine Euphorie. „Aber du bist voll verkabelt, und alle Gewinner kommen nach ihren Dankesreden direkt zu euch." Mein Herz macht ein paar Freudensprünge, wenn ich nur daran denke. Umso mehr ärgert mich, dass wir für die Golden-Globe-Veranstaltung keinen Platz im Saal, sondern nur eine Nummer für den roten Teppich bekommen haben – trotz unermüdlichen Anfragen via E-Mail und Telefon plus einem persönlichen Brief der Chefredaktion in Berlin. „Das ist doch schwachsinnig!", beschwere ich mich bei Nacho. Monatelang haben wir uns nicht gesehen. Jetzt laufen wir uns in und um Hollywood andauernd über den Weg. „Ihr seid ein Club von Journalisten und macht es Kollegen unmöglich, über eure Veranstaltung zu berichten." Er zuckt nur mit den Schultern. „Es gibt einfach zu viele Anfragen. Bleib hartnäckig, und in ein paar Jahren kommst du auch rein."

Die Golden Globes werden in diesem Jahr ungewöhnlich früh vergeben, und Nacho gehört zum Organisations-

komitee. Er geht auf dem Zahnfleisch. Trotzdem hilft er mir, als ein Jugendsender vier Tage vor der Preisverleihung das Unmögliche will: „Ein Stück über die Hollywood Foreign Press Association mit Exklusivtönen vom Präsidenten!“ Ich hätte direkt absagen sollen, aber ich habe ja auch Ehrgeiz, und dank Nacho bekomme ich das Gespräch. Die Redakteurin ist unbeeindruckt von meinen Insiderkontakten. „Denk dran, uns interessiert vor allem, wie es diese exzentrische Truppe von neunzig durchgeknallten Journalisten aus aller Welt schafft, als Oscar-Barometer überbewertet zu werden.“ Das werde ich im Gespräch mit dem Präsidenten wohl etwas diplomatischer formulieren müssen.

Bei heftigem Regen und höchstens fünfzehn Grad fahre ich zum „Beverly Hilton“- Hotel. Das Golden-Globe-„Medienzentrum“ ist zwei Tage vor der Verleihung ein Klapptisch in der Hotellobby. „Und wer sind Sie?“, fragt mich der junge Mann dahinter, sein Blondhaar kunstvoll in die Stirn frisiert, mit engen Hochwasserhosen und orangefarbener Krawatte über froschgrünem Hemd. „Sie müssen Hollywood-Press-Mitglied sein, um reinzukommen.“ „Ich habe einen Interviewtermin mit dem Präsidenten.“ Seine Miene bleibt unverändert. „Und wie ist der Name?“ Er schreibt „Kirsten Silms, German Radio“ auf einen Zettel und verschwindet hinter der Tür. Fünf Minuten später kommt er mit Nacho zurück.

„Komm rein!“ Mein Freund hat einen dicken gelben Strickpulli an, eine rote Jogginghose und bunte Turnschuhe. Kein Wunder, dass die Auslandspresse als exzentrisch verschrien ist. Er küsst mich auf beide Wangen. „Das Interview muss wirklich schnell gehen. Auf keinen Fall mehr als fünfzehn Minuten. Ich hab gesagt, dass du vom wichtigsten deutschen Sender bist.“ Nacho führt mich zu einem runden Bankettisch mit Kunstblumenstrauß und goldener Decke.

„Nimm dir was zu trinken und Donuts, wenn du magst. Der Präsident kommt in fünf Minuten." Er verschwindet hinter einem beigefarbenen Raumteiler. Dahinter höre ich Gewusel, nervöse Stimmen, Walkie-Talkie-Kommunikation und Geschirrklappern. Am Tisch neben mir flüstert eine kleine Frau mit strubbeligem Haar und roter Brille zischend auf einen älteren Herrn mit Trenchcoat ein. „Sie MUSSSSSS einen Platz bekommen! Sie ist WICHTIG! Sie ist WIRK-LICH!-WICH!-TIG!" Ihr Gegenüber schüttelt besorgt den Kopf.

Ich habe gerade Aufnahmegerät und Mikrofon aufgebaut, da erschient Nacho wieder, neben ihm der Präsident: dreiteiliger Anzug, weißes Hemd, geöltes pechschwarzes Haar, kräftiger Handschlag. „Höchstens fünfzehn Minuten!", sagt Nacho eindringlich. Wir setzen uns. Entspannt beantwortet der Präsident meine Fragen zu Organisation, Wahlverfahren, Minderheiten in Hollywood und der Renaissance des Fernsehens.

Die Frage nach der skurrilen Zusammensetzung seiner Vereinigung hebe ich mir bis zum Schluss auf. „Ha! Das stimmt: Wir sind exzentrisch. Zum Glück!" Der Präsident lacht laut und herzhaft. Das hätte ich mir denken können – der Chef einer Organisation, die Promis auf dem roten Teppich Champagner in Piccolo-Flaschen überreicht kann sich selbst nicht allzu ernst nehmen. Schalk blitzt aus seinen Augen. „Weißt du was? Die Kritiker sind doch nur neidisch." Er beugt sich nach vorne über mein Mikrofon. „Wir haben riesige Einschaltquoten und keinen einzigen Stuhl im Saal übrig. Nicht für Hollywoodstars. Nicht für wirklich wichtige Menschen. Irgendwas müssen wir also richtig machen." Er lehnt sich wieder zurück und grinst. „Und wenn die Academy-Mitglieder dieselben Filme und Schauspieler auszeichnen wie wir, ist das ihre Sache. Ich

verschwende jedenfalls bei der Stimmabgabe keinen Gedanken an die Oscars." Nacho tippt auf seine Uhr und gibt mir das Zeichen zum Abbruch.

Vor dem Hotel installieren durchnässte Kulissenbauer ein riesiges Dach über der Auffahrt. Die Tribüne für die Zuschauer steht schon. Vor den nassen Stufen parkt ein Laster mit Hitzelampen.

Die Wettergötter Hollywoods meinen es gut mit den Golden Globes. Pünktlich zur Preisverleihung verschwinden die Wolken. Ganz Los Angeles strahlt sauber gewaschen vor dem Hintergrund schneebedeckter Berge. Schauspielerinnen posieren in schulterfreien Kleidchen ohne Gänsehaut auf dem roten Teppich. Ich sehe das im Fernsehen. Nina drängelt sich am roten Teppich, vermutlich gerade auf meinen Platz in der Meute der Auslandsjournalisten. Wir haben eine pragmatische Entscheidung zur Arbeitsteilung getroffen. „Die wirklich wichtigen Promis kommen erst kurz vor Beginn der Veranstaltung, und es ist nicht gesagt, dass sie mir ein Interview geben." Soviel habe ich aus der Erfahrung vom letzten Jahr gelernt. „Selbst wenn ich im Affenzahn meine Sachen zusammenpacke, sobald der rote Teppich leer ist, und zurück ins Studio rase, dauert das vierzig Minuten." „Mindestens! Du kommst ja erstmal nicht an dein Auto, und rund ums Hotel sind die Straßen gesperrt." „Bis ich im Studio bin, sind schon wichtige Preise vergeben." „Außerdem ist fraglich, ob du irgendwas von den Interviews am roten Teppich überhaupt gebrauchen kannst." „Richtig! Die Frühsendungen in Deutschland fangen an, wenn die Veranstaltung zu Ende ist. Da will niemand mehr hören, was jemand vorher gesagt hat." „Dann wollen sie betrunkene, weinende und kämpferische Gewinner hören."

Deshalb steht Nina jetzt in Festtagsgarderobe am roten Teppich und stellt Fragen, deren Antworten wir hoffentlich

für die Oscar-Vorberichte in der nächsten Woche noch gebrauchen können – „Welche Filme haben Sie in diesem Jahr besonders beeindruckt?“ „Wann waren Sie das erste Mal im Kino?“ „Wann haben Sie die ersten Oscars geschaut?“ „Wo erholen Sie sich nach der Oscar-Saison?“ Journalistenalltag in Hollywood.

Ich bedauere, dass ich die Promis nicht aus der Nähe sehe, und bin gleichzeitig froh, dass ich in bequemen Klamotten vor dem Fernseher sitzen kann, während Ben mich mit Fingerfood, Schokolade und Wasser versorgt. Ich habe die ersten Dankesreden aufgenommen und Highlights für meine Beiträge geschnitten, da kommt Nina im kleinen Schwarzen, Glitzerschmuck und Turnschuhen ins Studio gerast. „Ich hab George Clooney! Und Hans Zimmer und Reese Witherspoon und Cameron Diaz und Leonardo DiCaprio!“ „Echt, du hast Clooney?“ Sie nickt triumphierend. Neid! Keine Zeit, weiter nachzufragen. Wir schreiben Stichworte auf, schneiden Töne und führen Listen: Überraschende Gewinnerinnen, enttäuschte Favoriten, Filme mit den meisten Oscars, deutsche Sieger. Hans Zimmer gewinnt diesmal nicht. Kaum haben sich die Moderatorinnen aus dem Theater verabschiedet, hämmere ich in den Computer. Dann arbeiten wir die lange Liste von Live-Gesprächen ab. Nina bedient das Telefon, hilft, falls eine Verbindung nicht klappt oder andere Sachen schiefgehen. Irgendwas geht immer schief!

Nachdem ich mich zum letzten Mal von einem Sender verabschiedet habe, öffnet Nina eine Flasche Sekt. Der erste große Test des neuen Jahres ist überstanden.

Am nächsten Morgen ruft Magaly an. „Hast du Lust, mit mir nach Big Sur zu fahren?“ „Wie bitte? Ich bin mitten im Oscar-Stress!“ Sie erklärt, ihre beste Freundin habe einen Trip abgesagt. „Willst du nicht ihren Platz überneh-

men? Es sind ja nur zwei Tage." „Was ist das denn für ein Trip?" „Esalen. Wir machen dort jedes Jahr im Januar einen Workshop. Theater, kreatives Schreiben, Wandern. Diesmal ist der Titel ‚Waghalsiges Leben'." „Esalen?" Ich erinnere mich dunkel, von dem esoterischen Zentrum gelesen zu haben. „Das ist ein irres Gelände direkt am Meer. Komm mit", bettelt Magaly. „Ich kann nicht. Keine Zeit." „Ist doch nur EIN Wochenende. Wir fahren Freitag los und kommen Sonntagabend zurück."

Sie schwärmt von heißen Quellen direkt über den donnernden Wellen des Pazifiks und vom Swimmingpool über Klippen. „Ich kann nicht, Magaly", sage ich und gebe nebenbei „Esalen" in die Suchmaschine ein. Traumhafte Bilder tauchen auf: Küste, Berge, Schmetterlinge, Blumenfelder, Männer und Frauen in Yoga- und Meditationspositionen. Die Workshops versprechen „transzendentales Bewusstsein", „machtvolle Energie" „volles Potenzial" und „Transformation". Mein Verstand findet das hochgradig seltsam. Eine innere Stimme flüstert: „Trau dich doch!" Ich verspreche Magaly, zurückzurufen und frage im Studio Washington nach, ob mich jemand ein Wochenende lang vertreten kann. „Ihr würdet mir einen Riesengefallen tun." „Na klar", sagt die Kollegin am anderen Ende. „Kein Problem!" Ich falle vor Überraschung fast vom Stuhl. Dann schreibe ich eine Mail an den Chefredakteur mit Bitte um ein freies Wochenende, für Vertretung sei gesorgt. Auch ihm sage ich nicht, was ich vorhabe. Auch er hat keinen Einwand.

Magaly lässt einen Freudenschrei los, als ich ihr die gute Nachricht überbringe. „Roadtrip!" „Ich dachte, du weißt vor lauter Arbeit nicht mehr, wo dir der Kopf steht!" Ben ist genauso erstaunt über meine spontanen Pläne wie ich. „Ist ja nur ein Wochenende, ich sehe Magaly und kann an meiner Selbstverbesserung arbeiten." „Solange sie dir nicht

einreden, dass du einen neuen Freund brauchst ...", segnet auch er den Ausflug ab.

Magaly trägt für die Fahrt ein hellblaues Kleid mit weißen Punkten und großem weißen Kragen. Ein rotes Band hält ihre wilden Locken zusammen. Der Pacific Coast Highway kommt mir inzwischen schon ganz bekannt vor. Genug kann ich nie von ihm bekommen. Mit offenem Verdeck fahren wir singend die Kurven entlang und verpassen vor lauter Quatschen fast die steile Zufahrt zum Esalen-Zentrum. Die Rezeption ist gleichzeitig Souvenirshop, Massagereservierung und Buchhandlung. „Kommt ihr auch zum Workshop für Beckenbewusstsein?", fragt eine drahtige Frau mit hüftlangen grauen Locken in der Schlange vor uns. Wir schütteln den Kopf. „Wir gehen zum waghalsigen Leben." „Hört sich auch gut an. Aber dieses Beckenseminar, das MÜSST ihr machen! Es ist eine Offenbarung. Ich habe zum ersten Mal im Leben meine Vagina wirklich gespürt!" Sie rotiert ihre Hüften und lächelt verschwörerisch. Ein Paar Mitte dreißig, ganz in weiß gekleidet mit Piloten-Sonnenbrillen, drängelt sich an uns vorbei zur Theke. „Wir MÜSSEN Massagen buchen!", stöhnt die Frau, als wäre sie kurz vorm Ohnmachtsanfall. „Ich brauche eine Massage. Tief! Fest! Jemand, der keine Angst hat, mir wehzutun. Am besten ein Mann!" „Du hast Glück", sagt der Rezeptionist, der einen dicken Bart zum millimeterkurz geschnittenen Haar trägt. „Mark ist noch nicht ausgebucht. Der hat genau die Hände, die du brauchst." Ich schaue mich um. Niemanden scheinen diese Gespräche auch nur im Geringsten zu irritieren. Magaly füllt seelenruhig unser Anmeldeformular aus.

In unserem Zimmer verschlägt es mir die Sprache. Von beiden Betten schauen wir durch ein großes Fenster über Blumenbeete und eine Wiese direkt auf den Pazifik. Wir haben sogar einen privaten Balkon mit Liegestühlen.

Erstmal gehen wir zum gemeinsamen Abendessen. Das schöpfen freiwillige Helfer aus großen Töpfen auf unsere Teller. Wir setzen uns auf eine Bank an einem der langen polierten Holztische. Der Internetzugang ist während der Mahlzeiten abgeschaltet. Stimmen, Lachen und Gitarrenklänge füllen den hellen Raum. Nach dem Essen gehen wir über eine Wiese zu unserem Workshop in einer sanft beleuchteten Jurte.

Trommelmusik läuft im Hintergrund. Matratzen lehnen an der Wand. Stühle gibt es nicht, dafür Kissen und Schaumstoffpolster. Kaum habe ich mich gesetzt, klatscht die Seminarleiterin in die Hände. Zara ist eine üppige Mittfünfzigerin, trägt die Farben des Sonnenuntergangs, ein orangefarbenes Tuch um den Kopf und leuchtend roten Lippenstift. „Herzlich Willkommen, alle bitte bewegen!“ Alle – das sind fünfzehn Leute, der Jüngste geschätzt knapp zwanzig, die Älteste bestimmt siebzig. Zara stampft von rechts nach links und fordert uns auf, es ihr gleichzutun. Sie stellt die Trommelmusik lauter.

„Bewegt euch im Raum und sagt euch, was passieren würde, wenn ihr euer größtes Geheimnis erzählen würdet.“ Ach du meine Güte! Ich möchte gehen. Sofort. Magaly tanzt hüftenschwingend und lächelnd auf mich zu. „Wenn ich dir mein größtes Geheimnis erzählen würde, wärst du sehr, sehr überrascht“, sagt sie grinsend. „Wenn ich dir mein größtes Geheimnis erzählen würde“, fange ich an und stocke, von einem Fuß auf den anderen tretend, „würdest du mehr wissen wollen.“ Sie lächelt, und wir gehen weiter. Mit jedem Schritt wird es einfacher. Ich werde immer neugieriger, was die anderen zu sagen haben – „... würdest du schreiend davonrennen“ – „... würdest du weinen“ – „... würdest du mich abartig finden“ – „... würdest du einen Film daraus machen“. Als Zara die Trommelmusik ausstellt und wir uns

setzen, schaue ich in verheulte und selig lächelnde Gesichter, in freundliche und misstrauische Augen. Mein Herzschlag ist schneller und stärker geworden. Ein Teil von mir will ganz schnell die Flucht ergreifen. Natürlich bleibe ich sitzen.

Wir bewegen uns viel in den nächsten zwei Stunden, stampfen, tanzen und schütteln uns. Wir schauen einander minutenlang wortlos in die Augen, erzählen uns in Kleingruppen von unseren Ängsten und schlagen auf dem Rücken liegend mit Händen und Füßen auf den Boden ein. Zara gelingt es, in kurzer Zeit unsere Fassaden einzureißen. Ich bin aufgeregt, befremdet und verwirrt.

Magaly ist nach dem Workshop hundemüde und will direkt ins Bett. Mich lockt der Swimmingpool. Als ich ankomme, traue ich meinen Augen nicht: FKK wird hier ermutigt. Eine völlig neue Erfahrung in den USA. Ich gleite ins warme Wasser und drehe mich auf den Rücken. Über mir scheint der Vollmond. Von unten höre ich das Krachen der Wellen an den Felsen. Nebel schiebt sich über das Kliff. Träume ich? Ich trockne mich ab, ziehe mich an und gehe zurück in den Gemeinschaftssaal. Dort hat sich spontan eine Band gebildet. Der massige Zwei-Meter-Mann an der Geige ist aus unserer Gruppe. Vor drei Stunden hat er mit Boxhandschuhen auf einen Schaumstoffwürfel eingeschlagen und gegen Frauen gewettert, die nichts als Verführung und Betrug im Sinn hätten. Ich setze mich mit Tagebuch und einer Tasse Tee ans Fenster und schreibe noch lange im Mondlicht.

Als ich aufwache, steht Magaly schon angezogen im Zimmer, die Haare zum Dutt gebunden. „Kommst du mit zu den heißen Quellen?“ Ich knurre nur unter der Bettdecke hervor. „Die Duschen haben Meerblick“, verspricht sie. Wer kann da schon widerstehen? Zehn Minuten später

stehe ich vor dem grandiosesten Ausblick, den ich jemals beim Haarewaschen hatte. Nur ein Geländer trennt mich von steil herabfallenden Felsen. Beuge ich mich darüber, spüre ich Gischt in meinem Gesicht. Zwischen Nebelschwaden, tiefblauem Meer und grauem Himmel leuchtet ein Silberstreif am Horizont. Wirklich! Ich fasse es nicht. Mit Kaffee, Obstschale und Blaubeermuffin aus dem Frühstücksraum setzen wir uns auf Holzsessel am Meer. Unter einem Baum dreht sich ein braungebrannter Lockenkopf wie ein Derwisch, bevor er seine flexiblen Glieder in Zeitlupe verschränkt und schließlich freistehend im Kopfstand verharrt. Auf der Plattform neben dem Swimmingpool dehnt sich eine Yogagruppe. Zwei Frauen meditieren auf der Wiese, und auf dem Mäuerchen vor der Rezeption spielt jemand Gitarre. Irgendjemand zupft in Esalen scheinbar immer an einer Gitarre. „Und, was denkst du bis jetzt?“, fragt mich Magaly. Sie ist aufgestanden und streckt die Arme zum Himmel. „Ist das alles nicht großartig?“ Auf mein Schweigen reagiert sie mit einem feuchten Kuss auf meine Wange. „Wart’s ab! Du wirst dem Zauber auch noch erliegen.“

Erst einmal müssen wir in unserem Workshop wieder schwer ran. Wir schreien und flüstern, trampeln und tanzen. Magaly zwinkert mir immer wieder aufmunternd zu, aber ich überlege, ob ich nicht lieber einfach spazieren gehen, in die heißen Quellen steigen oder nochmal duschen sollte. Dann schlägt eine zarte Asiatin in lavendelfarbenem Hängekleid mit einem Tennisschläger auf einen Riesenschaumstoffwürfel ein und brüllt tiefen Hass gegen die erstickenden Erwartungen ihrer Eltern hinaus in die Welt. Etwas sehr, sehr Merkwürdiges passiert: Ich fange an zu weinen und kann nicht aufhören. Zara nimmt meine Hand, andere umarmen mich. Am Nachmittag werde ich dann

selbst zum Monster, brülle lauter, als ich jemals in meinem Leben gebrüllt habe meine Wut über den Ex-Freund ins Universum. Später stehe ich mit verbundenen Augen mitten im Raum und strecke mich der Decke entgegen. Gut, dass mich außer Magaly niemand hier kennt. Obwohl, ehrlich gesagt, ist mir das mittlerweile völlig egal.

„Und jetzt stellt euch vor, dass ihr noch fünfzehn Minuten zu leben habt", entlässt uns Zara in den Abend. „Und tut genau das, was ihr in diesem Moment tun möchtet. Nicht nachdenken! Los!" Ich denke natürlich trotzdem nach und stürze mich nicht auf den jungen peruanischen Sozialarbeiter mit langen schwarzen Haaren und leuchtend grünen Augen. Praktischerweise habe ich gleich einen Massagetermin und damit einen guten Grund, mich wortlos mit freundlichem Winken in alle Richtungen zu verabschieden.

„Deine Therapeutin holt dich ab", verspricht mir eine blonde Schönheit neben den Massagetischen. „Leg dich schon mal in den Whirlpool." Da bin ich nun. Nackt. Allein. Aufgewühlt wie der Pazifik unter mir. Es riecht nach Schwefel, Kräutern und Salz. Ich muss schon wieder heulen. Mich überkommt das Gefühl, unendlich viele Chancen im Leben verpasst zu haben vor lauter Angst, mich lächerlich zu machen und Erwartungen nicht zu erfüllen. Als ich aufschaue, steigt vom sanften Mondlicht beschienen eine voluminöse weibliche Barockfigur zu mir ins Becken. „Du siehst wunderschön aus", platzt es aus mir heraus. Sie lächelt, offensichtlich leicht irritiert. „Wunderschön. Mit dem Vollmond." Ihr Blick wird skeptisch. Ach du meine Güte! Sie denkt jetzt vermutlich, ich bin bekloppt oder baggere sie an. „Ich bin gerade in diesem Seminar über wagemutiges Leben", stottere ich los. „Und da haben wir heute gelernt, direkt das zu sagen und zu tun, wohin unsere Energie uns treibt, und

als ich dich gesehen habe ..." Ich spüre, wie meine Wangen heiß werden, würde mich am liebsten kopfüber in die Brandung stürzen. Zum Glück lächelt sie wieder. „Es gibt keinen besseren Moment als das Jetzt", sagt sie und dreht sich mit ihrem wunderschönen runden Gesicht zum Meer. „Christin" ruft eine Frau in weißen Hosen und Hemd. Ich nicke. Meine Massage! Schnell wickele ich mir mein Handtuch um und verschwinde.

Magaly kugelt sich vor Lachen auf dem Bett, als ich ihr von meinem Erlebnis erzähle. Ich bin nach der Massage so entspannt, dass ich gar nichts mehr machen möchte. Magaly bettelt, mit ihr tanzen zu gehen. „Ecstatic Dance jubelt sie mit leuchtenden Augen und bewegt sich wie eine Schlangenbeschwörerin. „Zwei Stunden Non-Stop-Tanzen." „Hippies, die nackt durch die Gegend springen und mit den Armen fuchteln?", frage ich träge. „Nein, nicht nackt. Obwohl – wer weiß, was passiert. Das ist ja das Tolle! Eine einmalige Gelegenheit, sich völlig gehen zu lassen." „Nein! Nein! Nein! NEIN!!!!"

Eine Viertelstunde später mische ich mich barfuß, in weißem Hemd über Leggings, mit Magaly unter die wogenden Tänzer. Meine Freundin ist in blaue und grüne Seide gehüllt. Ja, um uns herum hüpfen Hippies, und Körper reiben sich aneinander. Aber das stört mich intressanterweise überhaupt nicht. Der Lockenkopfderwisch, der am Morgen unterm Baum getanzt hat, schwebt um mich herum. Der schöne Peruaner, den ich knutschen wollte, hält Händchen mit einer Computerprogrammiererin, die unserer Gruppe gestanden hat, dass sie eigentlich Comics zeichnen möchte. Ich tanze und tanze und tanze und habe ein breites Grinsen auf dem Gesicht. Ich glaube, ich bin genau richtig hier, in Kalifornien.

Obwohl wir spät ins Bett gekommen sind, stehe ich

früh auf. Die Zeit bis zur Abfahrt nach dem Mittagessen will ich voll auskosten. Mit einem Kaffee setze ich mich ganz vorne an die Klippen, schaue in dünne Nebelschleier über dem Meer. Magaly schreibt ein paar Meter entfernt an einem Holztisch in ihr Tagebuch. Ich sehe ihren Stift über das Papier fliegen. Kurz hebt sie ihren Kopf. Wir nicken uns zu.

Als wir uns nach dem Mittagessen von unserer Gruppe verabschieden, ist es, als wären wir alle eine Familie geworden.

Mit offenem Verdeck fahren wir die Küste entlang – ohne Musik und ohne viel zu reden. Erst als wir im Stau von Los Angeles landen, mache ich das Radio an. Die Wirklichkeit hat uns eingeholt. Ich drücke Magaly an mich, bevor sie vor unserem Haus in ihre Rostlaube steigt. Sie drückt mir einen Kuss auf die Nase. Ben steht schon in der Tür.

„Na, wie war's?" Ich lege meine Nase an seine Halskuhle. „Können wir heute Nacht auf der Terrasse schlafen, bitte? Auf einer Matratze unter freiem Himmel? Und nicht den Fernseher anmachen?" Er legt seine Arme um mich. „Na klar! Wie wäre es mit Wein und Käse dazu? Wir machen Picknick unter den Sternen."

Im Mondlicht machen wir eine Liste, was wir alles noch in Kalifornien sehen und machen wollen. „Auf den höchsten Berg wandern: Mt. Whitney. Und zum niedrigsten Punkt in Death Valley fahren. Der ist fast hundert Meter unter dem Meeresspiegel", fange ich an. „Wein trinken in Napa Valley", sagt Ben.

„Hippies in Berkeley besuchen."

„Den Schlamm-Marathon mit Marinesoldaten in Camp Pendleton laufen."

„Marihuanapflanzen in Humboldt-County ernten."

„Maverick-Monsterwellen in Half Moon Bay surfen."

„Disneyland!“

„Ich glaube, wir könnten unser ganzes Leben damit verbringen, Kalifornien zu entdecken“, sagt Ben mit Blick zum Mond.

Das wäre ein tolles Leben!

Mein herzlicher Dank

geht an alle die, die mir vertraut haben, Geschichten, die wir gemeinsam in Kalifornien erlebt haben, in diesem Buch zu erzählen, besonders an Conny, Robert, Vincent, Sabine und Eddie, Sabine und Dirk für ihr liebevolles erstes Lesen und Redigieren,
an Eddie dafür, dass er mein Fels in der Brandung ist und mich bei jedem Abenteuer, auf das ich mich einlasse, aus vollem Herzen unterstützt,
an meine Eltern dafür, dass ich ihre Liebe und ihren Beistand über meilenweite Entfernungen und Zeitzonen hinweg immer spüren kann,
an alle, die bei der Entstehung dieses Buches mitgefiebert und mich angefeuert haben,
an meinen ehemaligen Chefredakteur, Dieter Jepsen-Föge, dafür, dass er mich damals gefragt hat, ob er meinen Namen in die Runde für Los Angeles werfen soll,
an Dr. German Neundorfer dafür, dass er mir, abgesehen vom Kürzen mindestens der Hälfte meiner enthusiastischen Ausrufezeichen, beim Schreiben so viel Freiheit gegeben hat!